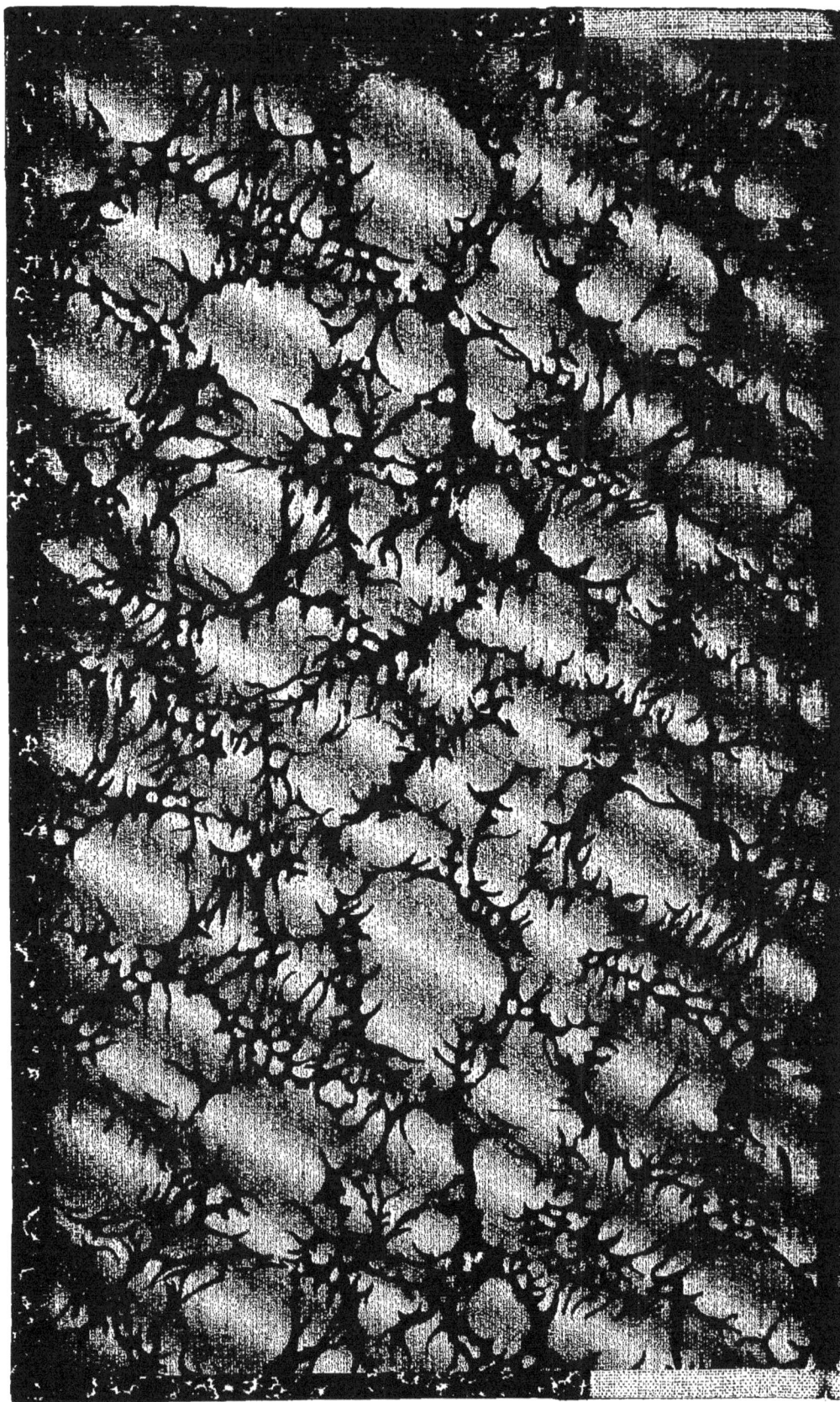

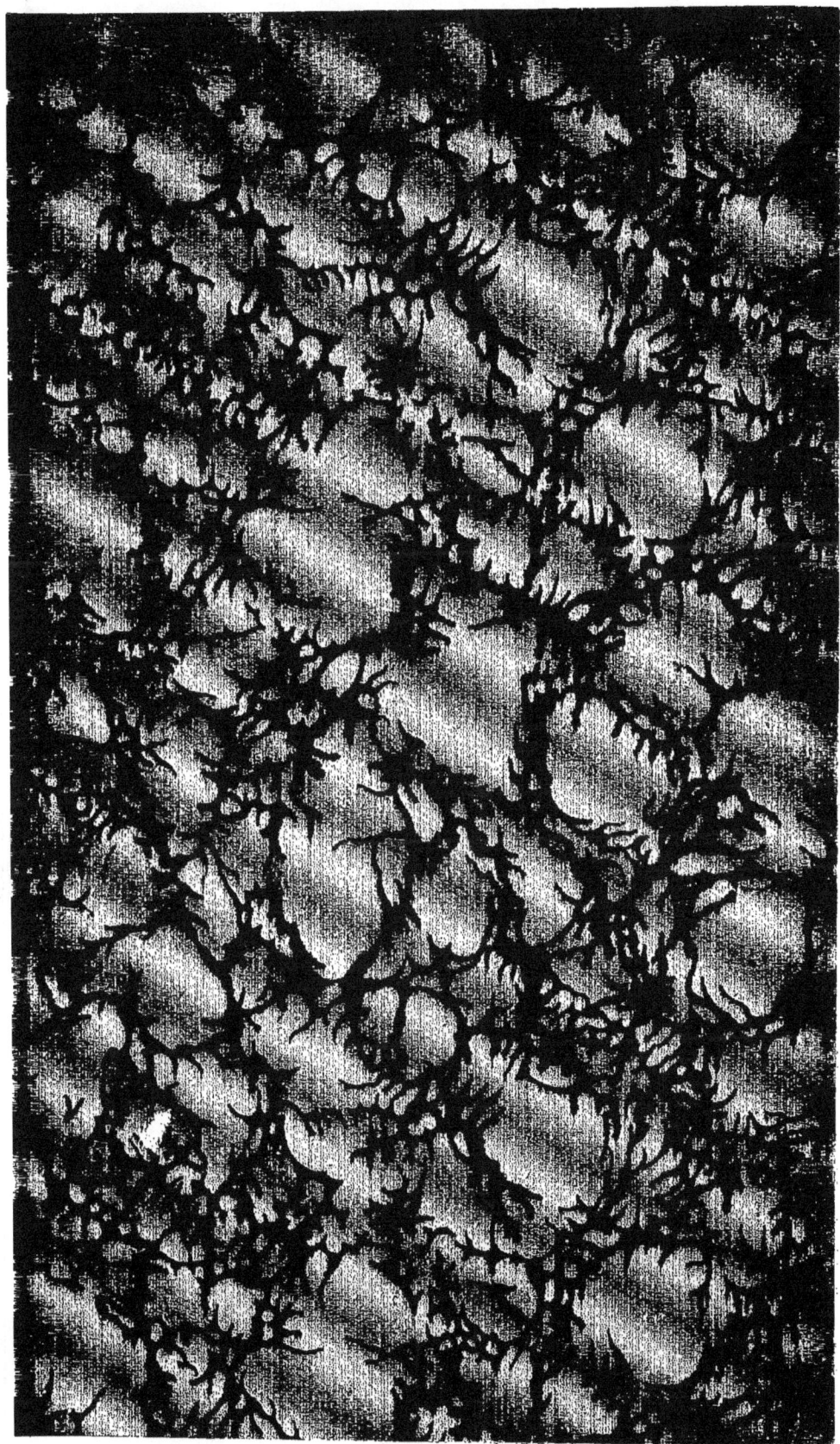

STEMPFER-REL.

SANS REPROCHE

In-8° 2ᵉ Série

SANS
REPROCHE *(de bouche)*

PAR

PROYART

LIMOGES

MARC BARBOU ET Cⁱᵒ, IMPRIMEURS-LIBRAIRES

Rue Puy-Vieille-Monnaie

—

1883

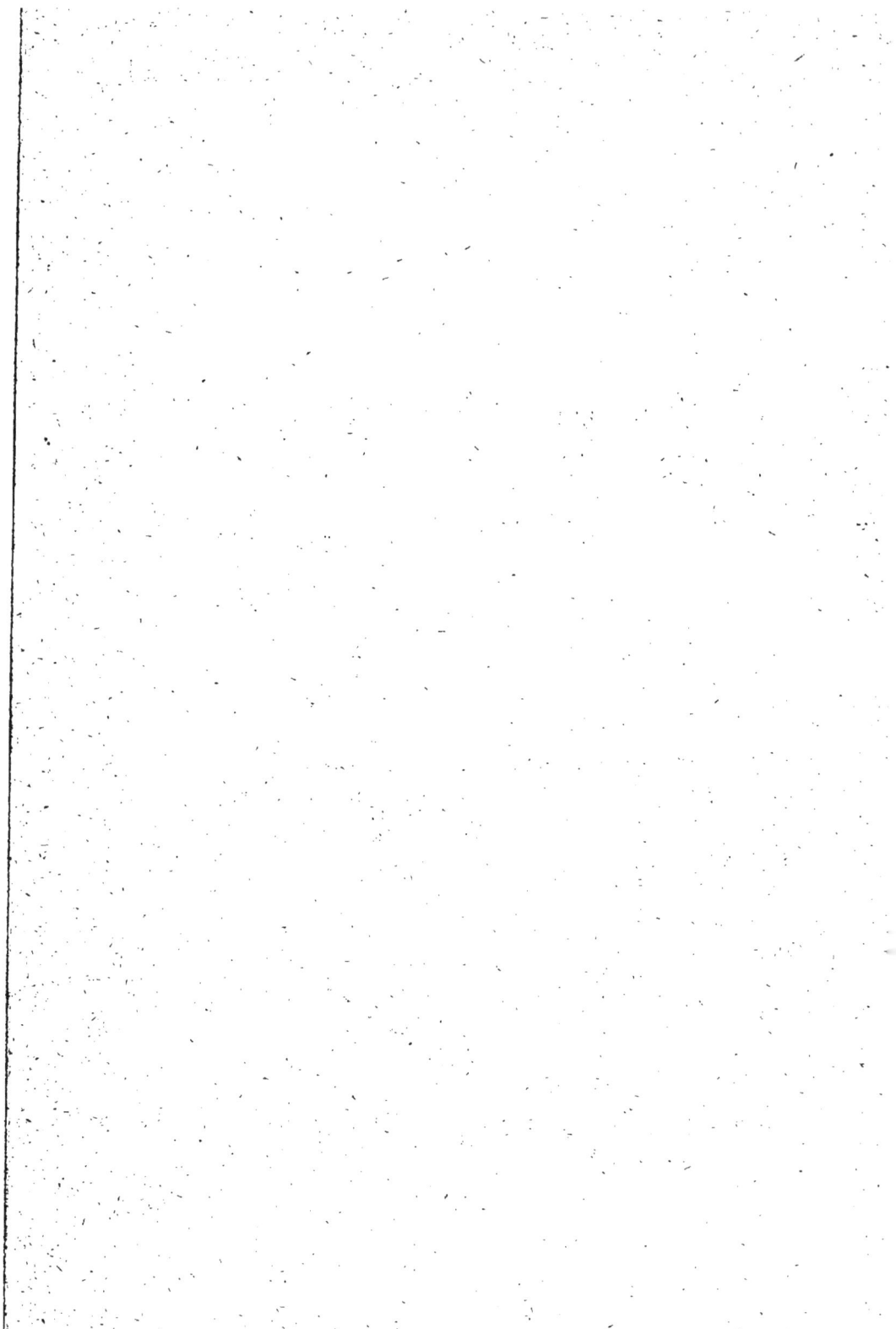

SANS REPROCHE

Dieu, qui appelle tous les hommes au terme du salut, prépare à tous les âges les moyens nécessaires pour y parvenir; et l'un des plus puissants qu'il nous offre, après les grâces du premier ordre, ce sont les modèles de vertu que nous avons continuellement sous les yeux. L'enfance et la jeunesse ont les leurs, comme l'âge mûr et la vieillesse. Il n'est aucune société, aucune maison d'éducation, et presque aucune famille où Dieu n'ait ses serviteurs et ses élus. Aussi, lorsque le Sauveur du monde entrera en jugement avec les hommes, il lui suffira, pour justifier sa conduite et confondre les chrétiens qui se seront perdus, de leur montrer, dans la splendeur des Saints, des sujets qui, dans les mêmes circonstances, et dans de moins favorables peut-être , auront constamment pratiqué les devoirs de la vie chrétienne, fidèles aux mêmes grâces que les pécheurs auront négligées, ou dont ils auront abusé.

Dieu, essentiellement bon, et qui ne punit qu'à regret, fait plus encore en faveur de ceux qu'il voit s'égarer ; et, comme il a l'éternité pour faire régner sur eux sa justice, il use de patience, et leur prodigue, pour ainsi dire, ses miséricordes ici-bas. Ainsi, outre les bons exemples multipliés par lesquels il ne cesse de rappeler à lui ces enfants ingrats qui le fuient, sa providence paternelle suscite encore de temps en temps certains sujets privilégiés dont la vertu jette un plus brillant éclat, et doit, en fixant plus sûrement leurs regards, les porter à faire de plus sérieux retours sur le contraste de leur conduite avec celle des Saints.

Ce n'est pas, sans doute, que cette source de miséricorde ne coule qu'en faveur du pécheur, qui souvent en abuse : si Dieu, par des exemples touchants, appelle celui-ci à la pénitence, il appelle aussi, par la même voie, le juste à une plus grande justice ; et cette rare vertu, que nous allons proposer pour modèle à tous les jeunes gens, doit provoquer spécialement l'émulation des plus vertueux, et les confirmer dans la piété.

C'est donc aux justes comme à ceux qui auraient le malheur d'être dans l'égarement, c'est à tous les jeunes gens que nous offrons l'exemple du vertueux

Sousi. Nous l'offrons à ceux qui s'appliquent comme lui à l'étude des sciences ; nous l'offrons à ceux qui fréquentent nos colléges, et sont élevés dans nos maisons d'éducation, et particulièrement aux jeunes étudiants qui habitent les séminaires et les communautés ecclésiastiques, par la raison qu'ils sont appelés à un plus haut degré de perfection que le commun des jeunes gens, s'il est vrai qu'ils soient appelés à la dignité sacerdotale.

Aussi est-ce avec une confiance qui tient de la certitude que je me sens porté à croire que cette classe de jeunes gens d'élite se sentira plus touchée que les autres des exemples que nous allons lui mettre sous les yeux, et plus disposée à faire les efforts nécessaires pour les retracer dans sa conduite. En effet, serait-ce présomption de notre part d'espérer que des ecclésiastiques s'efforceront d'imiter les vertus d'un jeune laïque ? Serait-ce un sentiment indiscret que celui qui nous ferait souhaiter et demander à Dieu que des jeunes gens rassemblés sous les auspices de la religion, à l'ombre du sanctuaire, et loin des scandales du siècle, écoutassent et missent en pratique des leçons de sagesse que leur fait un jeune homme du milieu du monde et du grand monde ? Oui, nous aimons à croire, mon cher lecteur, qu'en lisant ce petit ouvrage, vous ferez un raisonnement semblable à celui par lequel s'encourageait Augustin, flottant encore dans ses irrésolutions : « Voilà, disait-il, que des ignorants et des femmes ravissent le royaume des cieux ; et toi, avec tout ton savoir et ton

1..

esprit, à quoi penses-tu? et n'auras-tu jamais le courage d'imiter en vertu ceux que tu surpasses en talents? » Vous vous direz aussi à vous-même. « Voilà qu'un jeune homme s'est sanctifié dans le monde, ne pourrai-je donc pas me sanctifier dans une maison consacrée à la piété? Il s'est sanctifié dans la condition des simples fidèles; n'aurai-je pas le courage de le faire dans la cléricature et les saints ordres? Il s'est sanctifié par les dangers de la fortune et des honneurs; ne pourrai-je pas me sanctifier moi-même dans une condition moins exposée à ces écueils? Il avait consommé l'ouvrage de sa perfection dès l'âge de dix-sept ans; n'aurai-je pas le courage de le commencer du moins, et d'y travailler sérieusement à cet âge, auquel je touche, et que j'ai atteint peut-être? »

Je ne puis me dissimuler ici que j'ai un grand avantage en destinant particulièrement cet ouvrage aux jeunes gens dont l'éducation a été le mieux soignée : c'est que par là j'aurai pour lecteurs non des enfants grossiers et ignorants, mais une classe de sujets déjà instruits, dont le grand nombre même sera doué d'heureuses inclinations, et surtout d'un bon esprit. Le bon esprit sent vivement, et cette vivacité de sentiment lui donne de la constance dans la résolution et de l'énergie dans l'action. Le bon esprit n'est pas nécessairement l'esprit le plus délié, c'est le plus juste et le plus sage. Un jeune homme bon esprit, constant dans les vrais principes, en tire toujours les mêmes conséquences pacifiques. Ce qui lui

a paru une fois vraie lui paraîtra toujours. C'est avec
maturité qu'il a comparé le temps avec l'éternité : il
fait ce qui lui est permis pour l'un, et ce qu'il est
nécessaire qu'il fasse pour l'autre. Aussi, si on le voit
rechercher la science, ce ne sera point celle qui enfle ;
s'il veut établir son bonheur, ce ne sera point sur la
terre ; s'il craint, dans sa conduite, de déplaire à quelqu'un, ce ne sera point à des jeunes gens frivoles et
vicieux, mais au seul grand Dieu qui doit juger les
vices et les vertus. Or, je dis que celui qui sait déjà
juger si sainement des choses, jugera aussi, avec le
grand évêque d'Amiens, que, lorsque Dieu, dans sa
miséricorde, nous montre des Saints dans notre état,
ce n'est pas pour que nous en fassions l'objet d'une
stérile admiration, mais afin que nous nous appli-
quions à les imiter comme nos modèles.

Une chose qui me paraît devoir exciter un véritable intérêt dans ce petit ouvrage, c'est que le jeune
homme qui en est le héros peindra souvent lui-même
ses sentiments et ses vertus dans ses propres écrits,
en ouvrant son cœur à des amis fidèles et dignes de
sa confiance, et que ceux-ci, de leur côté, raconteront
également avec candeur ce qu'ils ont ouï dire et vu
faire à leur vertueux ami. Les mémoires sur lesquels
j'ai travaillé étaient conservés avec soin dans la bi-
bliothèque du grand séminaire de Saint-Sulpice, et
les supérieurs de cette maison s'en servaient utilement pour l'édification des jeunes ecclésiastiques
confiés à leurs soins. Dans le désir de procurer le
même avantage à toute la jeunesse du royaume,

M. l'abbé Emeri, supérieur-général de la congrégation, m'a communiqué ces pièces, et proposé de les
rédiger. Je l'ai fait avec plaisir, et de manière que
tous ceux qui ont lu les mémoires manuscrits les
retrouvent tout entiers dans l'imprimé.

Quelqu'un pourra peut-être regretter qu'une vie si
belle et si touchante n'ait pas été plus tôt connue;
mais sans doute que la Providence, attentive à nous
dispenser ses bienfaits suivant nos besoins, a voulu
réserver aux jeunes gens un grand modèle de vertu
pour l'époque où ils se trouveraient environnés de
plus grands scandales. Notre jeunesse actuelle n'en
doit donc que mieux sentir la faveur spéciale de cette
Providence paternelle, et elle l'en remerciera par
plus d'empressement et de fidélité à en profiter. Nous
apprenons, par l'histoire, que les corps précieux des
martyrs, après être restés quelque temps cachés dans
le sein de la terre, étaient ensuite solennellement
exhumés parmi les acclamations des fidèles, témoins
des prodiges qui s'opéraient dans ces cérémonies re-
ligieuses; ainsi espérons-nous de la divine miséricorde que la vie édifiante que nous allons mettre au
jour ne sera restée jusqu'à présent dans une sorte
d'oubli que pour en être tirée avec une plus grande
effusion de grâces sur ceux qui auront l'avantage
d'en entendre le récit.

I

Claude Le Peletier de Sousi naquit à Paris sous le
règne de Louis-le-Grand, ce règne si fécond en prodiges de tous les genres. Il était le plus jeune des
fils de Claude Le Peletier, contrôleur-général des
finances : on l'appelait *Sousi*, du nom d'un fief de sa
maison, et c'est le nom que nous lui donnerons dans
la suite de cette histoire. Son père était un homme
d'un profond savoir et d'une probité incorruptible.
Prévôt des marchands de Paris, il immortalisa sa
magistrature par la construction du quai qui porte
son nom : président à mortier, conseiller d'Etat,

successeur du grand Colbert dans le maniement des finances, il sut, dans ces différents emplois, et même dans le dernier, réunir l'estime du prince et le suffrage des peuples. Il était étroitement lié avec tous les hommes de son temps, si justement célèbres dans la magistrature et dans les lettres. A la cour, ses amis étaient le cardinal d'Estrée, Bossuet, et surtout les personnes chargées de l'éducation du duc de Beauvilliers, Fénelon, le pieux et savant abbé de Vittement.

A toutes les qualités qui constituent le bon Patriote et l'homme d'Etat, Claude Le Peletier joignait les vertus qui font le bon chrétien. Ce grand homme mettait la religion à la tête de tous les devoirs, et, dans le temps même qu'il était chargé du poids des affaires publiques, il ne laissait passer aucun jour sans rassembler sa famille et ses domestiques pour faire avec eux la prière en commun.

Claude Le Peletier eut quatre fils : l'aîné, Louis, fut président à mortier, et, comme son père, un magistrat religieux et éclairé; le second, Michel, d'abord abbé de Joui au diocèse de Sens, ensuite évêque d'Angers, fut un savant et vertueux prélat; le troisième, Maurice, dont nous aurons souvent occasion de parler dans la suite, refusa l'épiscopat pour se dévouer à l'éducation du jeune clergé dans la congrégation de Saint-Sulpice; enfin le plus jeune des quatre fut Claude Le Peletier de Sousi, dont nous écrivons la vie.

Les enfants d'un père si vertueux et si sage ne

pouvaient manquer de recevoir la meilleure éducation. M. Le Peletier leur donna pour précepteur un sujet de mérite, l'abbé Léger, que son élève, devenu évêque d'Angers, s'attacha depuis comme homme d'un excellent conseil. Des quatre frères, les deux aînés allaient au collége, et les deux plus jeunes, Maurice et Sousi, restaient à la maison. Ils ne fréquentèrent l'université que dans les hautes classes. Le précepteur avait toute autorité sur ses élèves, le père ne s'étant réservé que le droit de juger de temps en temps de leurs progrès dans l'étude des langues. Personne n'était plus en état de le faire que ce savant magistrat, qui lisait Démosthène comme Cicéron, et qui se délassait de ses travaux publics en adressant à ses amis de charmantes descriptions latines de la campagne qu'il faisait cultiver et embellir.

Le précepteur, si bien secondé par le père, fit tout ce qu'il voulut de ses élèves. Le plus difficile à conduire était Maurice, caractère vif et bouillant, à qui l'application coûtait beaucoup, mais que le bon exemple d'un frère plus jeune que lui fixa enfin dans le bien. Sousi, docile à toutes les leçons qu'il recevait, le fut surtout à celle de la vertu. Il l'aima dès qu'on la lui eut montrée, et s'y livra tout entier dès qu'il fut en âge d'en sentir les avantages et d'apprécier le bonheur de ceux qui la pratiquent : il paraît, comme nous allons le voir, que ce fut particulièrement vers sa treizième année, époque à laquelle il fit sa première communion. C'est alors qu'on vit en lui l'enfant le plus aimable sous tous les rapports.

Nous ne prétendons pas, sans doute, lui faire un mérite des dons vulgaires de la nature, et des grâces du corps, trop souvent funestes à ceux qui les possèdent, par l'abus qu'ils en font; mais il nous sera du moins permis de les indiquer dans celui qui sut en faire si constamment hommage au Créateur. La vertu, qui se montre souvent dans les traits les plus communs, semblait avoir pris plaisir à se choisir un temple digne d'elle dans la personne du jeune Sousi. Son extérieur était des plus intéressants. La douceur et la modestie respiraient sur son visage; on croyait lire dans ses yeux la candeur de son âme; tout en lui, jusqu'à ses cheveux, d'une beauté remarquable, concourait à relever les grâces ingénues de sa figure, qui ne le cédaient qu'à celles de son esprit. C'est le témoignage que lui rend un homme qui l'a particulièrement connu, et qui l'appelle, dans un écrit latin : « *Elegantis formæ et cultissimi ingenii adolescens*, jeune homme qui réunissait les agréments de la beauté aux connaissances de l'esprit les plus étendues. »

Un sujet de si grande espérance dans tous les genres méritait surtout de rencontrer un homme capable de cultiver les précieux germes de piété qui se manifestaient en lui : la Providence prit elle-même un soin spécial de son ouvrage, en inspirant au père de Sousi de donner à son fils, pour directeur de sa conscience, l'homme le plus digne d'un pareil emploi : c'était le supérieur du grand séminaire de Saint-Nicolas, M. Pelot, qui jouissait, dans l'Univer-

sité, comme dans sa congrégation, d'une estime mé-
ritée par son savoir et sa piété. Le jeune homme,
sous sa conduite, fit bientôt les plus grands progrès
dans les voies du salut. Ses heureuses inclinations,
en se développant, devinrent des vertus qui furent
sagement dirigées d'abord, et aussi sagement modé-
rées dans la suite.

La perspective de sa première communion fit faire
à Sousi des réflexions plus sérieuses que toutes celles
qu'il avait encore faites, et il prit alors des résolutions dignes de la grandeur de l'action à laquelle il
aspirait, et qui paraissait supérieure à son âge. Il lui
sembla qu'il n'avait pas vécu tout le temps qu'il avait
passé dans l'ignorance, ou dans la pratique impar-
faite des devoirs du chrétien. Il ne se souvenait des
jours de son enfance que pour demander au Seigneur
qu'il les oubliât. Tout pénétré de reconnaissance et
d'amour pour le Dieu qui se faisait ressentir en son
cœur, il ne voyait, dans ses actions et sa conduite
passées, que des taches et des offenses dignes de tous
ses regrets. Les vives lumières que l'Esprit-Saint lui
donnait lui faisaient même regarder comme un grand
mal les plus petites fautes, celles que l'on excuse si
facilement dans le jeune âge. Nous allons voir qu'il
se reprochait par-dessus tout d'avoir eu de la vanité,
des distractions dans ses prières, et de l'attachement
à ses sentiments. Ce sont les défauts dont il se proposait spécialement de se corriger, et qui firent la
matière la plus considérable de sa confession générale. Il envisagea toujours sa première communion

comme la base, et, pour ainsi dire, la pierre fonda-
mentale de son salut, persuadé que, s'il avait le bonheur de la bien faire, il aurait encore celui de persé-
vérer dans le bien. Il ne se trompa point : le juste
n'est jamais frustré dans son espérance.

Sa préparation prochaine à cette grande action
répondit aux beaux sentiments qui l'animaient, et
les fruits abondants qu'il en recueillit aussitôt sont
la meilleure preuve que nous puissions donner des
saintes dispositions qu'il y avait apportées. Lorsque
l'humble jeune homme parlait à ses amis du temps
qui avait précédé, et de celui qui avait suivi sa première communion, il disait : *Avant ou depuis ma
conversion;* et l'on peut bien dire, en effet, que sa
première communion fut pour lui l'époque d'une
conversion, sinon du vice à la vertu, du moins des
vertus encore faibles de l'enfance à la plus solide
piété.

Dès que Sousi eut eu le bonheur de s'unir à Dieu
par la communion, il ne s'occupa plus que des
moyens de lui rester à jamais uni par la grâce; et le
ciel bénit si complètement les saints désirs de son
cœur, que, depuis le jour de cette précieuse union
avec son Dieu jusqu'à celui de sa mort, il ne paraît
pas qu'il se soit rendu coupable envers lui de la plus
légère faute délibérée. Toute sa conduite, exposée
aux regards de sa famille et de ses condisciples, ne
leur offrit, depuis ce moment, qu'un enchaînement
continuel d'actions louables et de vertus édifiantes.
Nous commencerons par rapporter les résolutions

que l'esprit de Dieu lui suggera dans cette circonstance, · t qui firent la règle invariable de sa conduite.
La pièce qui les renferme tomba, après la mort de
Sousi, entre les mains d'un de ses amis, *l'abbé de
Flamanville*, que nous ferons bientôt connaître, et
c'est par lui qu'elle est parvenue au séminaire de
Saint-S lpice. Je prie le lecteur de se rappeler, en la
lisant, quel est le résultat des réflexions d'un enfant
de treize ans

II

Résolutions prises par Sousi et écrites de sa main
après sa première communion.

« Ayant, par la grâce de Dieu, fait une confession
générale de tous les péchés que j'ai commis depuis
que je suis au monde, et lui ayant demandé pardon
le mieux qu'il m'a été possible, bien imparfaitement
néanmoins, je fais la résolution de me renouveler
entièrement, en me dépouillant du vieil homme, et
pour cela :

» 1° Je travaillerai avec beaucoup plus de soin
que je n'ai fait jusqu'à présent à la grande affaire de
mon salut éternel, songeant très-souvent à la mort,
au jugement de Dieu, au paradis et à l'enfer.

» 2° Je purifierai mon âme, le mieux que je pour-rai, de tous les péchés auxquels je me sens le plus enclin, et que je commets le plus souvent, tels que sont la vanité, les distractions dans mes prières et l'attachement à ma propre volonté. J'aurai de bas sentiments de moi-même, et je m'appliquerai souvent à considérer mes misères et les péchés dans lesquels je suis tombé, pour tâcher d'entretenir en moi la pénitence intérieure. Je considèrerai aussi que, si la miséricorde de Dieu ne m'eût pas préservé, j'aurais pu tomber dans les péchés dans lesquels sont tombés tant d'autres, et qui ne méritaient pas autant que moi ce malheur.

» 3° Dans mes prières, je songerai que les Anges et toutes les Puissances du Ciel tremblent devant celui que je prie. Je me rappellerai qu'il est présent, qu'il m'écoute, qu'il connaît mes pensées, et qu'il me demandera compte un jour de toutes celles que j'aurai eues pendant mes prières.

» 4° Je préfèrerai toujours l'avis de mes supérieurs au mien ; je tâcherai de faire en sorte que toute ma volonté soit d'exécuter la leur, parce qu'ils savent mieux ce qui m'est utile que moi-même. Je l'exécu-terai comme la volonté de Dieu, et je m'animerai à remplir ce devoir par l'exemple de Jésus-Christ, qui a été obéissant jusqu'à la mort, et qui a toujours fait la volonté de son Père et non la sienne. Toutes les fois que je tomberai dans le défaut contraire à cette résolution, je donnerai une aumône aux pauvres.

» 5° Je ne parlerai pas sans nécessité dans les compagnies, me tenant le plus qu'il me sera possible en la présence de Dieu, et m'entretenant de quelques bonnes pensées, particulièrement de la mort, du jugement et de l'éternité.

» 6º. Je marquerai de la satisfaction quand on me reprendra de mes défauts, jamais quand on me louera. Si on me blâme, si on interprète mes actions en mal, je ne m'excuserai point. Si les reproches qu'on me fait sont fondés, je tâcherai de me corriger; s'ils ne le sont pas, j'offrirai cette contradiction à notre Seigneur, qui a souffert tant d'injures, tant de calomnies et de reproches, sans jamais rien dire, quoiqu'il en fût l'innocence même. Ce sera envers tout le monde que je pratiquerai la douceur et la docilité.

» 7º En classe, je ne parlerai pas sans nécessité, et j'y serai le plus attentif qu'il me sera possible.

» 8º Pendant la journée, j'élèverai souvent mon cœur à Dieu, et j'implorerai la protection de la très-sainte Vierge.

» 9º Je m'occuperai souvent du bonheur du paradis, et je me rappellerai, dans la journée, des lectures que j'aurai faites le matin et à midi.

» 10º Je tâcherai de m'exciter de plus en plus à l'amour de Dieu, en vue de ce que mérite sa divine Majesté, et aussi en vue de sa bonté et de sa miséricorde envers moi.

11º Je tâcherai d'être uni à lui, de communiquer et de converser avec lui le plus souvent qu'il me sera possible, songeant qu'il a eu la bonté d'unir son sacré corps au mien, qu'il veille sans cesse sur moi, qu'il pense toujours à moi,

» 12° Je travaillerai à me rendre parfait et à gagner sur moi de me corriger de mes défauts. Je me donnerai de tout mon cœur et de toute mon âme au Dieu qui a eu la bonté de se donner à moi tout entier dans la communion, quoique je le méritasse si peu.

» 13° Je m'exciterai à désirer ardemment la mort afin d'être uni plus parfaitement à Dieu, et pour ne plus l'offenser. Je porterai tous mes désirs vers le ciel, songeant que je ne suis fait que pour les choses de Dieu, et non pour celles de la terre; pour l'autre monde, et non pour celui-ci.

» 14° Je m'acquitterai exactement de mes exercices de piété sans en omettre aucun.

» 15° Je tâcherai de réciter la prière du chapelet avec plus de dévotion que je n'ai fait, et je m'exciterai de plus en plus à la confiance en la sainte Vierge, la regardant comme une bonne mère, et ma plus puissante protectrice auprès de Dieu.

» 16° Comme je ne saurais m'acquitter de toutes ces résolutions si je n'arrange bien ma journée, je me lèverai le plus matin qu'il me sera possible, et je tâcherai que ce soit à une heure réglée.

» 17° Je donnerai ma première pensée à Dieu en l'adorant de tout mon cœur, et ma première action en faisant le signe de la croix. Dès que je serai levé, sans perdre de temps, j'entrerai dans mon cabinet comme pour aller faire avec Dieu le dernier compte de ma vie. Je prendrai de l'eau bénite, je me mettrai à genoux et ferai ma prière, ma lecture, et ensuite quelques réflexions.

» Je songerai, par exemple, que le jour présent sera peut-être le dernier de ma vie, que Dieu me l'a donné pour m'occuper de mon éternité, et que, par conséquent, je dois l'employer de mon mieux. Je me représenterai combien je serais aise de l'avoir bien employé, et fâché de l'avoir perdu, si, en effet, il était, comme il peut être, le dernier jour de ma vie. Après cela, je ferai, en la présence de Dieu, la résolution de m'acquitter des exercices de cette journée avec toute la ferveur que je pourrais avoir si c'étaient les derniers que je dusse faire, et je tiendrai fidèlement la main à cette pratique.

» Je prévoierai les occasions que je pourrais avoir d'offenser Dieu dans la journée ; les ayant reconnues, je ferai des résolutions, et je prendrai des moyens pour ne pas y succomber.

» Je penserai que je serais bien malheureux si je tombais ce jour-là dans le péché et je me dirai à moi-même que je pourrais cependant tomber dans les plus énormes, et que peut-être même Satan cherche à me perdre, et en demande à Dieu la permission. C'est pourquoi j'entrerai dans une grande défiance de moi-même, et je prierai Dieu de me conserver sans l'offenser. Je me mettrai sous la protection de la sainte Vierge, de saint Joseph et de mon bon Ange, auxquels j'aurai soin de rendre de temps en temps mes devoirs. Après cela, j'offrirai à Dieu mon travail, et je m'en occuperai en restant dans mon cabinet,

» 18° Je m'appliquerai à mes études en vue de plaire à Dieu, qui veut que je m'occupe ainsi ; et, pendant mon travail, comme dans le reste de la journée, j'élèverai de temps en temps mon cœur vers lui.

19° J'emploierai le temps le mieux qu'il me sera possible, en songeant que la vie est bien courte, et que nous n'avons aucun moment à perdre, puisqu'il n'y en a aucun dans lequel nous ne puissions mériter l'éternité. Si Dieu accordait à un damné la minute du temps que nous perdons, comment ne l'emploierait-il pas ? J'approfondirai cette pensée.

» 20° Après être revenu de la Messe, que j'entendrai avec le plus de ferveur et de dévotion qu'il me sera possible, je rentrerai dans mon cabinet, je ferai mon examen particulier à genoux, après quoi je lirai un chapitre du Nouveau Testament, dont je tâcherai de retenir quelque chose pour m'en occuper dans la journée, et pour le mettre en pratique quand l'occasion s'en présentera.

» 21° Je tâcherai, en mortifiant en tout ma volonté, de mortifier aussi mes sens, les yeux, les oreilles, la langue, le goût et l'odorat.

» 22° Le soir après mon étude, et sur les sept heures, j'achèverai de réciter ce qui me restera de l'office de la sainte Vierge ; je ferai ensuite ma lecture et, s'il me reste encore du temps avant le souper,

2

je me remettrai à l'étude après l'avoir offerte à Dieu par une courte prière.

» 23° En revenant de la prière du soir, je passerai dans mon cabinet, je me mettrai à genoux, je remercierai Dieu de m'avoir conservé pendant cette journée ; je lui demanderai pardon si j'ai eu le malheur de l'offenser ; je ferai la résolution de me confesser de cette offense au plus tôt, et de ne plus y retomber avec le secours de sa sainte grâce. Ensuite je me mettrai, comme le matin, sous la protection de la sainte Vierge, de saint Joseph, de mon Ange gardien, de mon Patron et de saint Bernard, en les priant de m'assister.

» 24° J'irai me coucher en gardant le silence. Quand je serai au lit, je donnerai ma dernière pensée à Dieu en l'adorant, et ma dernière action en lui offrant mon cœur et en faisant le signe de la croix. Je m'endormirai sur la pensée que peut-être je ne me réveillerai point, et je tâcherai que cette considération fasse impression sur mon esprit.

» 25° Je relierai ces résolutions tous les Dimanches, et je renouvellerai devant Dieu et la sainte Vierge, le propos de les exécuter fidèlement. Toutes les fois que j'y manquerai en quelque point, je donnerai une aumône aux pauvres, ou je m'imposerai quelque autre pénitence, que j'accomplirai exactement.

Nous ne voyons pas que Sousi, dans ses résolution, se soit tracé aucune règle pour ses confessions et ses communions, parce que, sans doute, il ne croyait pas pouvoir en suivre de plus sage que celle

que lui prescrivait son confesseur, dor...
seils étaient pour lui des ordres, et auquel il a toujours obéi comme à Dieu même. Mais nous aurons
occasion d'observer que ses confessions et communions étaient très-fréquentes, et ses communions plus
fréquentes encore que ses confessions : ce qu'un directeur éclairé ne permet à un jeune homme que sur
une grande confiance en sa vertu, et surtout en son
humilité.

III

Le règlement de vie que nous venons de lire
annonce, dans son pieux auteur, outre un discernement précoce, et toute la maturité du jugement, un
ardent désir de sa sanctification ; mais c'est à la manière dont il l'observa que nous reconnaîtrons l'esprit
qui le lui avait dicté. Ce règlement ne fut point l'effet d'une ferveur de circonstance, qui s'affaiblit presque toujours, et s'éteint quelquefois entièrement par
l'absence des secours extérieurs qui l'ont produit. Il
y a, sans doute, bien peu de jeunes gens instruits et
élevés chrétiennement qui, à l'époque d'une première

communion, pendant les exercices d'une retraite, à la veille de faire le choix d'un état de vie, ne se sentent touchés de quelques désirs de leur salut, et ne réfléchissent sur les moyens d'assurer cette importante affaire. Il n'est pas même rare d'en voir qui se tracent alors, comme Sousi, des règles de conduite pleines de sagesse; mais une triste expérience nous apprend qu'il n'y en a qu'un bien petit nombre qui soient aussi fidèles à les suivre que le fut ce vertueux jeune homme. La raison de cette différence, c'est que la plupart des jeunes gens n'envisagent les vérités de la religion, dans ces circonstances remarquables de leur vie, qu'à la faveur d'une lumière empruntée, laquelle, après les avoir frappés un instant de tout son éclat, les laisse bientôt dans leurs anciennes ténèbres, à mesure qu'elle s'éloigne d'eux; Sousi, au contraire, trouvait sa force et sa lumière dans son propre fonds. Sa piété avait sa source dans une foi vive et éclairée; elle savait s'aider des secours extraordinaires de la religion, mais elle n'en dépendait point, et c'est pour cela que nous ne la verrons pas sujette à ces tristes vicissitudes de ferveur et de relâchement qui, trop souvent, se terminent, dans les jeunes gens, à un état mortel d'indifférence pour le salut.

Sousi, au temps où il fit sa première communion, habitait la maison paternelle, et n'avait pas, comme la plupart des jeunes gens élevés dans les écoles publiques, l'avantage des leçons multipliées de la vertu, et l'avantage plus précieux encore peut-être des exemples édifiants et des modèles propres à encourager au bien; mais sa foi et son grand amour pour Dieu suppléèrent à tout. La nécessité bien sentie d'être vertueux dans tous les lieux, comme dans tous les âges, lui fit trouver les moyens de l'être dans sa jeunesse, et au milieu du monde. Dieu, d'ailleurs, qui ménage tout pour le salut des âmes généreuses et fidèles à ses grâces, fut lui-même la lumière et le soutien de celui qui le cherchait dans la droiture de son cœur. Sa providence lui offrit, peu de temps après qu'il eut fait sa première communion, un moyen pour s'affermir dans ses bonnes dispositions, dont il sut tirer un merveilleux avantage. Son frère, Michel Le Peletier, fut nommé à l'abbaye de Joui, et alla résider dans son bénéfice. L'abbé de Joui, pendant le temps des vacances, attira auprès de lui ses deux frères Maurice et Sousi, avec un de ses amis, qu'il avait connu au séminaire de Saint-Sulpice, l'abbé de Flamanville.

Cet abbé de Flamanville, d'une maison distinguée de la Normandie, était un sujet de marque pour les talents et un modèle de régularité dans le séminaire qu'il habitait encore. Il nourrissait alors le désir secret d'aller annoncer l'Evangile aux infidèles dans les Missions étrangères, il en avait formé la résolution. Mais, la Providence ayant mis obstacle à son départ, il fut fait évêque de Perpignan, et il porta toute l'ardeur de son zèle dans l'épiscopat. Ce fut lui qui trouva dans une campagne cette pauvre jardinière qui exprimait à Dieu les affections de son cœur par la

prière si connue que l'on appelle le PATER *de la Jar-*
dinière.

L'abbé de Flamanville, ami de l'abbé de Joui, ne
fut pas longtemps sans apprécier le plus jeune de ses
frères, et chercher de s'unir d'amitié avec lui. Il ad-
mirait la rare piété d'un enfant et d'un laïque, et
Sousi, de son côté, s'applaudissait d'avoir trouvé,
dans un ecclésiastique, déjà initié aux saints ordres,
et rempli de son état, un guide éclairé dans les voies
de la perfection chrétienne, à laquelle il aspirait. Ils
s'aimaient avec une tendresse de frères : je voyais
même, par leurs lettres, qu'ils s'en donnaient le nom.
C'est à l'abbé de Flamanville que nous devons la plus
grande partie des détails qui concernent la vie de son
vertueux ami.

Cette précieuse connaissance ne fut pas le seul
avantage que retira Sousi de son premier voyage à
l'abbaye de Joui. Une grande régularité régnait dans
cette maison. La retraite, le silence, le travail, les
prières et les offices publics, tout édifiait ce jeune
homme, le charmait dans cette solitude. Ainsi, quoi
qu'il eût fait pour Dieu jusqu'alors, il lui sembla
qu'il n'avait pas encore commencé à travailler à sa
sanctification, lorsqu'il eut été témoin de la conduite
que menaient les meilleurs religieux de cette maison, car ses yeux n'étaient ouverts que sur les plus
parfaits. C'étaient ceux-là qu'il s'efforçait d'imiter :
et le novice le plus fervent ne l'était pas plus que
lui.

Les supérieurs du monastère, frappés de tant de

vertu dans un âge si tendre, admiraient Sousi, et se félicitaient du séjour qu'il faisait auprès d'eux. Bientôt ils lui laissèrent toute liberté dans le couvent, et le pieux jeune homme en profita pour s'édifier, en suivant les religieux dans tous leurs exercices. Ayant su qu'à certains jours de la semaine ils s'assemblaient pour s'accuser publiquement des fautes qu'ils avaient commises contre les observances, et en demander la pénitence à leur supérieur, il imagina qu'un bon moyen pour soutenir sa fidélité aux résolutions qu'il avait prise après sa première communion, ce serait de se soumettre, comme des religieux, à l'accusation publique de ses négligences et de ses fautes. Dans ce dessein, il s'introduisit un jour dans le lieu où la communauté était assemblée pour cette pratique de pénitence ; et, après que les autres se furent accusés, il alla lui-même se prosterner aux pieds du supérieur, et lui faire l'aveu de ses fautes. Cet acte d'humilité frappa tous ceux qui en furent témoins pour la première fois, et en toucha plusieurs jusqu'aux larmes. Sousi continua de le pratiquer le reste de ses vacances, et depuis encore dans les voyages qu'il fit à l'abbaye de Joui. L'abbé de Flamanville et l'abbé de Joui étaient édifiés de cette conduite ; mais Maurice, qu'on appelait ironiquement *M. le Prieur*, jeune étourdi, sans réflexion, appréciait peu dans son frère ces traits héroïques de vertu, qui ne lui paraissaient que des singularités dont il plaisantait quelquefois , quoique avec retenue, parce qu'il avait un fort bon cœur.

Sousi, de son côté, entendait la plaisanterie, et ne savait pas plus s'en offenser quand elle s'adressait à lui que lui obéir lorsqu'elle tendait à le détourner du bien. Inébranlable dans ses principes, il se montra toujours supérieur aux faiblesses du respect humain ; et où commençait le devoir envers Dieu, là finissait sa complaisance pour les hommes. Quoiqu'il comprît mieux que personne que la piété ne consiste point dans les pratiques extérieures, qui n'en sont que les signes et les fruits, il s'empressait néanmoins, à l'exemple des saints, de s'environner de ces secours, et de défendre, pour ainsi dire, sa vertu par ces soutiens respectables que nous offre la religion.

Outre les prières vocales qu'il récitait, il faisait tous les jours au moins une demi-heure de réflexions sur la loi de Dieu et sur les devoirs qu'il avait à remplir, un quart-d'heure le matin et autant dans l'après-midi. Comme son ami l'abbé de Flamanville habitait un séminaire, il lui dit un jour que, n'ayant pas l'avantage d'être exercé comme lui dans l'oraison, il désirerait qu'il voulût lui donner quelques instructions sur cette méthode de converser avec Dieu. « En me demandant des leçons, dit cet ami, il m'en donnait lui-même qui me couvraient de confusion, lorsque je pensais qu'un enfant de seize ans me parlait des choses de Dieu beaucoup mieux que je n'aurais pu le faire moi-même, qui étais déjà dans les saints ordres. »

Les plus doux moments de la journée pour Sousi étaient ceux qu'il lui était permis de passer aux pieds

des autels. Il aimait surtout à fréquenter les églises
où les cérémonies se faisaient religieusement et avec
dignité. Je lis dans une lettre qu'il écrivait à un ami :
« Je partage le contentement que vous éprouvez dans
l'endroit où vous êtes, et je suis ravi de la manière
dont vous me dites que l'office s'y fait; car c'est une
des choses qui excitent le plus à la piété que d'entendre chanter posément et dévotement les louanges
du Seigneur. »

Tout le temps que Sousi passait à l'abbaye de Joui,
soit pendant ses vacances, ou d'autres petits voyages
qu'il y faisait dans le courant de l'année, il assistait
à tous les offices de la communauté, et sa seule présence au chœur était une leçon d'édification pour
ceux qui l'y voyaient. Une des permissions qu'il demandait le plus souvent à son précepteur lorsqu'il habitait Paris, c'était d'aller passer dans les églises une
partie du temps dont il pouvait disposer après avoir
rempli ses devoirs d'étudiant. Si, en allant à la promenade, il rencontrait une église sur son chemin, la
pensée qui lui venait aussitôt que Dieu était présent
ne lui permettait pas de passer sans y entrer. Il sa-
luait le saint Sacrement, en offrant à Dieu toutes les
affections de son cœur, et, dans la minute, il se re-
trouvait auprès de son précepteur et de ses frères. Il
avouait à ses amis qu'il préférait les jours de congé
aux autres par la raison que, ces jours-là, il avait plus
de temps à donner à la prière et à ses exercices de
piété.

IV

Après qu'il eut achevé son cours d'humanités, il entra au collége de Reims pour y faire sa philosophie, et son précepteur l'y accompagna, moins sans doute par le besoin qu'il avait d'être surveillé que parce qu'il est d'usage que les enfants des grands aient quelqu'un auprès d'eux tout le temps de leurs études. Mais Sousi, incapable d'abuser de sa liberté, en eut alors le plus libre exercice. Il sortait très-rarement du collége, et ne connaissait, dans le quartier de l'Université, que les églises et le séminaire de Saint-Sulpice, où demeurait son ami Flamanville.

S'il savait qu'on solennisât quelque fête particulière dans une église du voisinage, et que ses devoirs le lui permissent, il s'y rendait quelquefois, dans la matinée, pour y communier, d'autres fois, le soir, pour y assister au sermon et au salut du saint Sacrement. « Lorsqu'il entrait dans l'église, dit un de nos mémoires sur sa vie, il était saisi d'un profond respect, qui paraissait sur son visage et dans tout son extérieur. Il se mettait à genoux au pied d'un pilier où il faisait son premier acte d'adoration ; de là il allait se placer dans un endroit écarté où il demeurait immobile en adoration, autant de temps qu'il en avait à sa disposition, quelquefois deux et même trois heures, surtout aux jours de fêtes, et lorsqu'il avait communié. Un nombre de ses condisciples, sur lesquels ces grands exemples faisaient la plus vive impression, se rendaient dans les églises où ils prévoyaient qu'il pourrait aller, afin de s'édifier de sa piété ; et sa seule présence était pour eux un prédicateur éloquent. Plusieurs ne pouvaient le voir ainsi sans être touchés, jusqu'à verser des larmes. »

Quoique Sousi fût à peine entré dans sa seizième année lorsqu'il commença son cours de philosophie, comme il avait dès-lors le jugement formé, et qu'à une grande facilité il joignait beaucoup d'application, cette étude ne lui parut qu'une sorte d'amusement, et ne lui suffisait pas pour remplir son temps. Les heures qui lui restaient, il les employait à se former à la science du salut. Il se délassait de l'étude des sciences humaines par la méditation des divines Ecritures; il récitait l'office divin, et l'on voyait un jeune laïque faire ses délices de remplir volontairement une tâche qui pèse à la lâcheté de certains ecclésiastiques engagés dans les saints ordres, et quelquefois même enrichis du patrimoine de l'Eglise.

Sousi fit plus encore que de réciter nos sacrés cantiques : afin de pouvoir s'entretenir en tout temps comme en tous lieux des pieux sentiments qu'ils renferment, il résolut de les apprendre par cœur, persuadé qu'il ne pouvait mieux rendre hommage à Dieu du don qu'il lui avait fait d'une excellente mémoire qu'en l'employant à se remplir l'esprit des grandes maximes de la religion. Il savait presque tous les Psaumes par cœur ; il les avait appris pendant le loisir de ses vacances.

A la prière et à l'étude de la loi du Seigneur, Sousi joignait la lecture des bons livres. Il en faisait régulièrement trois chaque jour, deux dans les livres de piété, et une dans le Nouveau-Testament. Il marquait son respect pour ce livre divin en ne le lisant jamais qu'à genoux. Il en lisait ordinairement un chapitre par jour, et cette lecture, par la manière dont il la faisait, était pour lui une excellente méditation. Il était aussi dans l'usage d'apprendre par cœur quelques-uns des versets qui l'avaient le plus frappé dans le chapitre qu'il avait lu. Après le Nouveau-Testament, le livre de l'Imitation était son livre Modèle.

de piété favori ; il ne se lassait point de le lire, il le portait toujours avec lui.

En se remplissant ainsi l'esprit et la mémoire des bonnes lectures, il s'était tellement accoutumé à penser à Dieu qu'il ne perdait pas de vue sa présence. En allant en classe ou à la promenade, au milieu même des compagnies, comme lorsqu'il était seul, il se trouvait auprès de Dieu ; il le voyait et s'entretenait familièrement avec lui. « Je me souviens, dit l'abbé de Flamanville, qu'un jour que nous faisions ensemble une lecture sur la présence de Dieu, il me rapporta l'exemple de deux amis qui, pour s'accoutumer à y penser, se disaient l'un à l'autre, lorsqu'ils se rencontraient : *Y pensez-vous ?* Pratique qu'il m'engagea dès-lors à suivre avec lui. Il enchérit même à cet égard, en me proposant de convenir d'un signe qui répondrait à cette question, lorsque nous ne pourrions pas commodément nous la faire ; en sorte qu'en compagnie et à table même, nous nous demandions ainsi l'un à l'autre si nous pensions à Dieu, et je puis dire que jamais je ne l'ai trouvé en défaut là-dessus. »

Cette attention continuelle de Sousi à la présence de Dieu l'entretenait dans le recueillement, au milieu même du tumulte et de la dissipation. Les conversations les plus frivoles des gens du monde devenaient pour lui des sujets de réflexions salutaires. Ainsi, lorsqu'il les entendait parler de leurs amusements et de leurs plaisirs, estimer les richesses, soupirer après les honneurs, il se rappelait en lui-même

les maximes de l'Evangile qui condamnent ces sentiments, et, sans se permettre de censurer hautement
l'âge mûr ou la vieillesse, lui qui n'était qu'un jeune
homme, il se promettait du moins de ne jamais penser ni parler comme on faisait en sa présence. S'il
arrivait qu'on lui demandât son avis sur un point
qui ne lui parût pas conforme à la loi de Dieu, il le
disait avec beaucoup de modestie, et aussi avec toute
la franchise qui convient à celui qui parle en faveur
de la bonne cause.

La vue des créatures portait Sousi au souvenir de
leur créateur : les unes en lui rappelant ses bontés,
les autres en lui retraçant sa puissance. Toutes lui
offraient des moyens de s'édifier, qu'il ne laissait pas
échapper, et qu'il suggérait à ses amis dans l'occasion. Voici comment il écrivait à l'un d'eux, qui habitait une campagne dans le voisinage de la mer :
« Le séjour de la campagne est fort utile, en ce que
toutes les productions que nous y voyons peuvent
nous porter à Dieu. Les actes les plus convenables, à
la vue de ce spectacle, ce sont, je crois, des actes de
foi, en protestant à Dieu que ce que nous voyons ne
peut être que l'ouvrage de ses mains, et des actes
d'humilité, en reconnaissant notre petitesse et notre
néant, en comparaison de la puissance qui créa toutes ces merveilles et qui les conserve.

» Songez un peu à moi devant Dieu, je vous en
prie, lorsque vous serez dans ces grottes solitaires
dont vous me parlez, ou que vous vous promènerez
sur les bords de la mer. Son voisinage, tel que vous

me le peignez, me paraît une chose aussi utile qu'a-
gréable. On doit se sentir continuellement porté à
adorer la grandeur de celui qui créa cet élément et
qui y préside. J'espère que vous me ferez part, dans
quelques-unes de vos lettres, des bonnes pensées
que Dieu vous envoie dans votre solitude. Je son-
geais dernièrement que l'éternité était, à l'égard de
la vie, ce qu'est le port à l'égard de la mer ; car ,
comme le port est l'endroit où les nautonniers se re-
posent après avoir fait de longues traites, et essuyé
une infinité de tempêtes, ainsi l'éternité est le terme
où les chrétiens doivent se reposer après les travaux
d'une vie orageuse, sujette à tant de vicissitudes, si
remplie de misères, si exposée aux tentations ; et, de
même que le nautonnier assailli d'une grande tem-
pête soupire souvent après le port, ainsi le chrétien ,
au milieu des misères dont il se trouve comme accablé, doit soupirer sans cesse après l'éternité, comme
le lieu où, réuni à Dieu, il sera à couvert de tous les
dangers. »

V

La piété de Sousi lui faisait encore trouver une
source d'instruction dans les divers événements de
la vie, dans les accidents mêmes qui affligeaient les
particuliers, comme dans les fléaux qui désolaient
les provinces. A la vue d'un incendie, à la nouvelle
d'une mort subite, d'une grêle, d'une mortalité :
« Rendons grâces à Dieu, disait-il, qui nous épargne
nous-mêmes dans sa miséricorde. » Il citait souvent,
dans ces occasions, ce verset de l'Ecriture sainte :
Misericordiæ Domini, quia non sumus consumpti. Il
n'aimait pas à entendre ses condisciples et ses amis

se plaindre de la rigueur du temps. Il leur disait que Dieu seul en règle la disposition, et que le dérangement même des saisons entre dans l'ordre de sa providence, et qu'il est un effet de sa miséricorde, qui avertit ses enfants par des châtiments temporels de ne pas en mériter d'éternels. Comme un de ses amis se plaignit devant lui du froid, qu'il paraissait souffrir impatiemment : « Comment donc, lui dit-il, avec ces sentiments, réciterez-vous ce verset : *Benedicite, gelu et frigus, Domino; benedicite, glacies et nives, Domino ?* » Pour lui, le temps le plus orageux, celui qui aurait le plus contrarié ses projets, n'aurait pas été capable d'altérer le moins du monde la sérénité de son visage. Lorsqu'en un jour de congé, au moment d'une promenade, à la veille d'une partie de plaisir, la pluie et le mauvais temps ne permettaient pas de sortir, tandis que les autres se plaignaient avec chagrin, Sousi, content de ce qui plaisait à Dieu, bénissait sa providence et conservait son âme en paix. C'est de cette sorte qu'il se conduisait en tout. Dans les peines et les contradictions qu'il avait à souffrir, dans les incommodités ou les maladies qui lui survenaient, la volonté de Dieu faisait la règle unique de la sienne.

Le mal moral était le seul qui parût l'affliger. L'offense de Dieu l'attristait partout où il en était témoin ; et, comme il n'est rien de plus répandu dans le monde, il était rare qu'il y manifestât la gaîté naturelle à son âge. Il ne s'y livrait qu'auprès de ceux qui pensaient comme lui, et avec lesquels il pouvait

parler librement le langage de la piété. Un jeune
ecclésiastique, de ce nombre, lui disait un jour qu'il
devait s'appliquer à rendre sa vertu aimable, et, pour
cela, montrer plus de gaîté dans la conversation. Il
lui citait, à cette occasion, l'exemple de ses deux
frères aînés, qu'on trouvait fort réguliers, et pourtant fort aimables dans la société. « Je ne sais, répondit-il, comment ils font ; pour moi, je vous avoue
que je ne saurais être gai, ni faire semblant de l'être,
quand j'entends des discours tout opposés aux maximes de notre divin Maître ; et, pour peu que je me
livre aux conversations frivoles et inutiles des gens
du monde, je sens, le soir, que je ne suis plus dans
l'état de tranquillité dans lequel j'avais tâché de me
mettre le matin. » Une autre personne lui demandait
un jour pourquoi on le voyait si sérieux : « C'est,
lui répondit-il, que j'ai en tête une grande entreprise. » Comme il ne s'expliqua pas davantage, on
cherchait à deviner quelle pouvait être son entreprise ; car les gens du monde n'imaginent pas facilement qu'à la fleur de la jeunesse, et au sein de la
fortune, le fils d'un ministre d'Etat puisse envisager
l'affaire de son salut comme une affaire de si grande
importance.

Tout occupé le jour de la présence de Dieu, le
vertueux Sousi s'en occupait encore la nuit. Aucun
temps même ne lui paraissait plus favorable pour
prier et converser avec Dieu que les intervalles que
le sommeil lui laissait libres. Ceux qu'il édifiait par
sa piété, imaginant bien qu'il leur en dérobait en-

core plusieurs actes, eurent, plus d'une fois, la curiosité d'écouter à sa porte au milieu de la nuit, et, dans ce temps où il croyait n'avoir que le ciel pour témoin des vœux qu'il lui adressait, ils l'entendirent exprimer ses sentiments par de ferventes prières et des soupirs vers Dieu.

Comme on parle volontiers de ce qu'on aime uniquement, le pieux Sousi parlait souvent de Dieu, et toujours avec une onction qui pénétrait. J'avoue, dit l'abbé de Flamanville dans ses mémoires, que le peu que j'ai fait de bien depuis que j'ai eu le bonheur de le connaître, je le dois à la force de ses discours. Lorsqu'il nous parlait de Dieu en liberté, il nous communiquait l'ardeur de son cœur, il nous embrasait. Les choses qu'il nous disait, dans ces moments, surpassaient tout ce qu'on aurait pu attendre d'un jeune homme de son âge. J'en demeurais quelquefois tout surpris, et au point qu'il s'apercevait de mon étonnement. Alors, craignant sans doute quelque mouvement de vaine complaisance, il s'arrêtait tout court, comme s'il eût oublié ce qu'il voulait dire, et me priait de dire moi-même ce que je pensais sur le même sujet. Je le faisais de mon mieux, honteux de voir avec quelle attention il m'écoutait, moi qui ne faisais qu'embrouiller la matière sur laquelle il venait de parler avec l'onction la plus touchante. »

VI

Les lettres que Sousi écrivait à ses amis, comme les entretiens qu'il avait avec eux, ne respiraient que la piété ; et parmi un assez grand nombre que j'ai sous les yeux, il n'y en a pas une seule qui n'offre quelques leçons édifiantes, qui n'exprime quelque sentiment vertueux, et à laquelle on ne puisse reconnaître une âme éclairée de l'esprit de Dieu, pénétrée d'amour pour lui, et marchant toujours en sa présence. On jugera par les fragments que nous allons citer ici, et par ceux que nous citerons encore dans la suite.

« J'ai fait aujourd'hui, écrivait-il à l'abbé de Flamanville, une belle lecture sur la présence de Dieu. Ce que j'ai remarqué de plus commode pour la pra-

tique, c'est de nous dire souvent à nous-mêmes : « Ô
» mon Dieu ! pourquoi ne vous regardé-je pas tou-
» jours, vous qui me regardez sans cesse ? pourquoi
» pensé-je si peu à vous, à vous qui pensez conti-
» nuellement à moi ? Ô mon âme ! ta vraie place est
» dans la présence de ton Dieu ; mais est-ce toujours
» auprès de lui que tu te trouves ? »

» Comme les oiseaux ont leurs nids pour se reposer quand ils en ont besoin, et les cerfs leurs buissons
où ils se retirent pour prendre l'ombre pendant les
chaleurs de l'été, de même, mon cher ami, notre
cœur devrait se choisir tous les jours quelque place,
tantôt sur la montagne du Calvaire, tantôt dans les
plaies même de notre Seigneur, ou dans quelque lieu
semblable, pour s'y délasser, suivant ses besoins, de
ce qui l'occupe extérieurement, pour y être en sûreté, et comme dans une forteresse inaccessible aux
tentations.

» Qu'une âme est bienheureuse, mon ami, lorsqu'elle peut dire à Dieu avec vérité, comme David
au milieu des grandes occupations qu'il avait : Vous
êtes mon refuge, Seigneur, je trouve en vous un
rempart qui me défend contre mes ennemis, un toit
qui me garantit de l'orage, une ombre qui me pro-
tége contre la chaleur ! — Seigneur, dit ce saint roi,
dans ses Psaumes, je suis toujours auprès de vous. —
Oui, j'aurai toujours mon Dieu présent à mon esprit. —
J'ai porté mes regards vers vous, ô mon Dieu ! vers
vous qui habitez les cieux. — Sans cesse mes yeux
sont fixés sur le Seigneur. J'aurais bien encore, mon

cher ami, à vous parler de quelques autres pratiques
sur le même sujet qui me paraissent fort bonnes;
mais le temps me presse, nous y reviendrons samedi
prochain. »

Dans une autre lettre au même ami : « Je ne doute
pas, lui dit Sousi, que, dans la retraite que vous habitez, vous ne puissiez dire bien souvent avec David :
J'ai veillé, j'ai imité le pélican dans le lieu de ma
solitude ; j'ai cherché à me cacher comme l'oiseau de
nuit dans les masures ; je me suis tenu seul comme le
passereau sur le toit.

» Je lisais dernièrement, mon ami, qu'outre le
sens littéral de ces passages de David, qui annoncent
que ce grand roi prenait tous les jours quelques heures pour se tenir en solitude, et vaquer à la contem-
plation des choses spirituelles, ils nous montrent,
dans le sens figuré, trois sortes de retraites de notre
Sauveur, où nous devons nous-mêmes le chercher. Il
parut, à sa naissance, dans une étable abandonnée,
comme l'oiseau de nuit dans sa masure, plaignant nos
misères, et lavant nos péchés dans ses larmes ; il fut
sur le Calvaire, comme le pélican solitaire, qui rappelle ses petits à la vie par l'effusion de son sang ; et,
dans son Ascension, il ressemble au passereau, en
s'élevant, sur les ailes de sa puissance, jusqu'au ciel,
qui est comme le toit de ce bas monde.

» Oui, c'est là, mon cher ami, que nous pouvons
faire commodément nos retraites, sans cesser, pour
cela, de vaquer à nos occupations ordinaires. On
rapporte que le bienheureux comte d'Arien de Pro-

rence écrivait à sa femme, qui désirait d'avoir de ses nouvelles : Si vous voulez être auprès de moi pendant mon absence, rendez-vous dans le cœur de notre divin Jésus, car c'est là que j'habite. Est-il rien, en effet, de si doux et de si utile pour nous que ces instants de retraite, ces élévations de cœur, ces bonnes pensées que l'on forme en tout lieu et en tout temps. C'est à quoi il faut que je tâche de m'accoutumer; car, quand on est parvenu là, on profite de tout, et la moindre chose vous porte à Dieu. Par ce moyen, nos conversations sont dans le ciel; nos pensées ressemblent à celles des bienheureux. Je vous promets que vous ne trouverez rien de plus consolant et de si avantageux que cette pratique. Non, quand on a une fois goûté ces délices, on ne se laisse plus séduire par les fausses joies du monde, on n'y prend plus de part, on les méprise comme de la boue. Adieu, mon bon ami. »

Sousi, en faisant à un de ses condisciples, qui était aussi son ami, le détail de ce qui l'avait le plus édifié depuis quelque temps qu'ils ne s'étaient vus, lui écrivait : « Je crois que le frère Jacques (c'était un frère de l'abbaye de Joui) aura fait sa profession dimanche dernier. J'assistai, le même jour, à celle d'une de mes tantes, qui est religieuse aux Filles-de-Sainte-Marie, de la rue Saint-Antoine. Ce jour fut un jour tout divin pour moi ; car, d'un côté, je m'unis au sacrifice de notre bon frère ; et, de l'autre, à celui auquel j'assistai. J'aurais cependant passé ce jour plus agréablement encore si j'eusse pu être présent

aux deux cérémonies, et je n'aurais pas été moins
édifié de la profession du frère Jacques que je le fus
ici de celle de ma tante. C'est une fille d'une vertu
merveilleuse, et qui me paraît avoir toutes les qualités
que l'on puisse désirer dans une bonne religieuse.
C'est une chose admirable que de l'entendre. Quand
je m'entretiens avec elle, il me semble parler à un
ange. Elle a un si grand amour de Dieu, et elle parle
si bien de l'éternité, de la mort, et des autres sujets
que l'on devrait toujours avoir à la bouche ou dans la
pensée, que quand, après cela, on entend les gens du
monde parler sur les plaisirs et la vanité, on ne peut
s'empêcher de s'étonner qu'il puisse y avoir des sentiments si différents dans les personnes, qui ne sont sur
la terre, les unes comme les autres, que pour songer
au ciel et travailler à leur salut. »

Sousi ne trouvait jamais de place, dans les lettres
qu'il écrivait à ses amis, pour les bagatelles et les
inutilités, et, dans toute la collection que j'ai sous les
yeux, je n'en vois qu'une seule où il annonce une
nouvelle politique, et l'on voit qu'il n'en parle que
parce qu'il la croit avantageuse à la religion : « Vienne,
dit-il, était sur le point d'être prise, lorsque les Polo-
nais sont venus charger les Turcs, et les ont mis en
fuite : on les poursuit actuellement. Cette nouvelle
doit être un sujet de réjouissance pour tout le monde,
et une occasion de louer Dieu, qui a bien voulu se-
courir son peuple, en faisant éclater sa puissance
contre les infidèles. »

3

VII

Rien de ce qui pouvait intéresser l'Eglise n'était indifférent pour le pieux jeune homme. Les conquêtes de la religion étaient des triomphes pour lui, et il s'affligeait sensiblement des outrages qu'elle recevait de la part des hérétiques ou des mauvais chrétiens. C'était une de ses pratiques de dévotion favorites de prier pour les besoins de l'Eglise ; et, dans le temps où se font les ordinations ecclésiastiques, il ne manquait pas d'inviter tous ses amis à s'unir à lui pour demander à Dieu qu'il donnât à son peuple des pasteurs selon son cœur.

Le zèle de la religion le plus haut à ses yeux c'était celui de ces hommes apostoliques qui renoncent à tout et à eux-mêmes pour aller, au péril de leur vie, annoncer Jésus-Christ aux nations infidèles. Il enviait souvent leur bonheur, mais sans rien voir dans la générosité de leur sacrifice qui dût étonner une âme chrétienne, et surtout un ministre de la religion. Son ami Flamanville lui ayant fait part de la résolution qu'il avait formée de se consacrer aux missions étrangères, sans en paraître surpris, il le félicita sur cette vocation particulière, « qui le mettrait, lui dit-il, dans une sorte de nécessité de ne travailler que pour Dieu, et de ne compter que sur lui seul. » Pour lui, en faisant le sacrifice du plus cher de ses amis, il crut qu'il gagnerait plus qu'il ne perdrait, parce qu'il voyait, dans cette privation, la gloire de Dieu et le salut des âmes. L'abbé de Flamanville, la veille de son départ, alla le trouver pour lui dire un éternel adieu. Sousi l'embrassa plein de joie, et lui dit : « Adieu donc, mon cher ami, je vous demande part de frère à tous vos travaux : nous serons séparés de corps, mais nous nous trouverons tous les jours en esprit dans le sacré-cœur de notre Seigneur. Ne manquez pas, je vous prie, à ce rendez-vous, j'y serai fidèle de mon côté. » Flamanville ne put s'empêcher de lui dire qu'il était la seule chose qu'il eût du regret de laisser en France. « Et pourquoi ce regret? lui répondit Sousi : la vie est si courte, que ce n'est pas nous perdre que de nous séparer ainsi, mais nous éloigner seulement, pour nous revoir ensuite avec plus de plaisir. » — « Comme je le quittai, continua l'abbé de Flamanville, il me dit, d'une manière qui marquait beaucoup de tendresse dans sa tranquillité : « Demandez à Dieu, pour moi, qu'il me détache des créatures, et que je sois insensible à leur séparation, toutes les fois qu'il lui plaira de l'ordonner. Votre absence m'ôte bien de la consolation, mais elle m'obligera à mettre plus parfaitement ma confiance en Dieu. Que notre Seigneur vous remplisse de son zèle et vous arme de sa patience, ô mon ami! *Qui sperant in eo non confundentur !* » Ce furent là ses dernières paroles. Elles me percèrent le cœur, et je ne puis presque encore vous les écrire. Je sens toute ma douleur se renouveler en ce moment : les soupirs m'échappent, mes larmes coulent de nouveau, et sont les témoins sincères des vérités que je vous déclare.

C'était par une infinité de petits sacrifices journaliers faits à Dieu que le saint jeune homme se préparait à lui faire ainsi, dans l'occasion, ceux qui coûtent le plus à la nature. Dès qu'il croyait s'apercevoir qu'il recherchait une chose avec trop d'empressement, ou qu'il la possédait avec une affection un peu trop naturelle, aussitôt il s'en détachait de cœur et même d'effet, lorsqu'il le pouvait. C'est ainsi, par exemple, qu'ayant de très-beaux cheveux, dont on lui parlait quelquefois comme d'un ornement précieux, il en fit couper les deux tiers, dans la crainte qu'ils ne fussent pour lui une occasion de vaine complaisance; et comme on lui disait que c'était grand dommage qu'il eût fait couper une si belle chevelure : « Les longs cheveux et les longs ongles, répondit-il, sont deux choses également superflues, et il me semble qu'on ne doit pas raisonnablement s'attacher plus à l'une qu'à l'autre, ni en tirer plus de vanité. »

Il lui suffisait de sentir quelque répugnance à faire une chose, pour qu'il s'appliquât à la faire avec plus de soin. Ainsi, ce qui lui plaisait le moins dans ses devoirs d'étudiant, c'était ce qu'il faisait le mieux ; et il en était de même dans tout le reste. Il était charmé quand il pouvait faire à Dieu un sacrifice de sa volonté. Son frère Maurice lui en offrait de fréquentes occasions, ce qu'il ne laissait pas échapper. Ce jeune homme était comme l'instrument dont se servait la Providence pour exercer la vertu de Sousi, en contrariant ses inclinations et ses goûts. Toujours disposé à causer, rire et folâtrer, il venait le distraire au milieu des exercices de piété ; il l'interrompait lorsqu'il conversait avec ses amis ; s'il lui voyait quelque chose qui lui plût, il voulait l'avoir. Sousi, d'un an moins âgé que son frère, supportait ses importunités et sa pétulance avec une patience qui fut souvent admirée ; il se prêtait avec complaisance à tout ce qui pouvait le rendre content, il lui accordait tout ce qu'il lui demandait. Dans une occasion, seulement, il hésita quelques instants avant d'acquiescer à un sacrifice qu'il lui proposait de faire en sa faveur. Sousi, qui aimait l'ordre, et qui était fort soigneux en toutes choses, avait parfaitement bien arrangé le cabinet d'étude qu'il occupait. On n'y voyait rien de recherché, tout y était simple, mais aussi d'une grande propreté. Il y avait rassemblé divers ornements qui annonçaient la piété. Ce qu'il y estimait le plus, c'était une collection de sentences tirées de l'Ecriture sainte, qu'il avait fait encadrer avec soin. Enfin l'arrangement de sa petite solitude lui avait coûté, outre la dépense, bien des heures de ses récréations. Lorsque tout y fut ainsi disposé, son frère Maurice la vit, la trouva de son goût et la lui demanda, en lui offrant de lui donner la chambre qu'il occupait lui-même. Sousi se défendit d'abord de souscrire à l'échange, et représenta à son frère, avec sa douceur ordinaire, qu'il lui serait facile, s'il voulait se donner quelques soins, de rendre son cabinet aussi agréable que celui qu'il enviait. C'était un dimanche après dîner que ceci se passait. L'heure de vêpres étant venue, ils allèrent ensemble les entendre à Saint-Antoine. En sortant de l'église, Sousi dit à Maurice : « Puisque mon cabinet vous fait tant de plaisir, je vous le donne; vous pouvez le prendre aujourd'hui. » Et, pour se punir, en quelque sorte, d'avoir hésité à faire ce sacrifice, il donna encore à son frère d'autres petits ornements qu'il n'avait pas pensé à lui demander, mais dont il s'accommoda volontiers. « Il m'avoua, continue l'abbé de Flamanville, qui rapporte ce trait que, si son frère ne les eût pas acceptés, il les eût tous brûlés plutôt que de posséder quelque chose avec attache. Il copia toutes les petites sentences qui ornaient son cabinet sur un morceau de papier; il l'attacha à sa tapisserie, où il était encore après sa

mort. Il m'assura que cette simplicité l'avait touché
plus qu'il ne l'était auparavant, et qu'il lui semblait
que cet acte de détachement lui avait attiré des bénédictions particulières. « Hélas ! me disait-il encore à
cette occasion, on s'imagine être bien avancé, parce
qu'on croit mépriser le monde dans les grandes choses, et voilà que de très-petites partagent notre cœur ;
c'est là, mon ami, une erreur bien dangereuse pour
un chrétien. »

Dans cette disposition, Sousi ne négligeait rien de
ce qu'il croyait propre à l'entretenir dans le détachement des choses de la terre, et à nourrir sa piété.
Quelque petite que lui parût une pratique de dévotion, il lui suffisait qu'elle fût consacrée par le suffrage des gens de bien, pour qu'il la respectât. Il
l'adoptait même, lorsqu'il le pouvait, ne trouvant pas
de plus douce satisfaction que de s'attacher à Dieu et
à ses devoirs par quelque nouveau lien. C'est ainsi
qu'il contractait avec ses fidèles amis de petits enga-
gements de piété réciproques. « Il nous conseillait,
dit l'un d'eux, nommé Xili, de ne jamais passer
devant une église sans y entrer pour y adorer, du
moins un instant, le Saint-Sacrement, et, lorsque
nous étions dans nos chambres, de nous tourner vers
l'église du collége, de nous prosterner quelquefois, et
d'adorer ainsi notre Seigneur, que la foi rapproche-
rait de nous, comme si nous étions au pied du taber-
nacle. »

C'était une des pratiques de Sousi de se figurer
continuellement son ange gardien à ses côtés, et de

le saluer comme s'il l'eût vu. Il parlait souvent à ses amis des avantages de la dévotion aux saints anges, à leurs patrons, à saint Joseph, et surtout à la sainte Vierge. Il récitait lui-même tous les jours la prière du chapelet en son honneur, et il ne manqua jamais de solenniser ses fêtes par la communion. Je vois, par une lettre qu'il écrivait à l'abbé de Flamanville, au commencement de son cours de philosophie, qu'il choisit alors un jour de fête de la sainte Vierge pour se dévouer à son culte par un acte de consécration particulière. « Il y a long-temps, dit-il, que je désire de me mettre plus spécialement sous la protection de la sainte Vierge, dont l'assistance nous est si nécessaire pour obtenir de Dieu les vertus dont nous avons besoin. Je vous prie, mon cher ami, de m'envoyer le petit *Pensez-y bien*, afin que je prévoie ce soir les pratiques qui y sont indiquées pour honorer cette bonne maîtresse, et que demain je puisse, s'il plaît à Dieu, me mettre au nombre de ses très-humbles serviteurs. »

Mais, entre tous les moyens par lesquels Sousi cherchait à s'affermir dans le service de Dieu, il n'en est aucun qui lui ait paru aussi efficace que la communion. Aussi voyons-nous, par les mémoires de sa vie, qu'il en faisait un saint et fréquent usage, et qu'il s'associait souvent avec ses amis pour cette sainte action. C'était dans la communion qu'il cherchait son conseil dans ses doutes, son soutien dans les tentations, sa force contre tous les ennemis de son salut; c'était par la vertu de la communion qu'il triomphait du monde et de ses exemples, du démon et de ses artifices, de ses passions enfin, ennemis plus redoutables encore pour un jeune homme que tous ceux du dehors. Etant d'ailleurs aussi éclairé qu'il l'était dans les voies du salut, il ne pouvait pas ignorer que ce ne sont pas les chrétiens qui communient le plus rarement qui le font le plus saintement, et que, s'il faut qu'un jeune homme vive dans l'innocence pour mériter de communier souvent, il faut aussi réciproquement qu'il communie souvent pour pouvoir vivre dans l'innocence.

Cette doctrine, qui fut toujours celle de l'Eglise, parce qu'elle est celle du Sauveur même, remplissait le saint jeune homme de consolations et de reconnaissance. « J'ai trouvé dans le Nouveau Testament, écrivait-il à son ami Flamanville, un bien beau sujet de méditation avant la communion : c'est le sixième chapitre de saint Jean. Notre Seigneur ne se lasse point de dire, dans ce chapitre, qu'il est le pain de la vie ; que celui qui mange ce pain ne mourra jamais, et que celui qui s'en prive n'aura point la vie en lui, pour nous marquer le désir qu'il a que nous nous fortifions souvent par cette divine nourriture. »

Quoique tout l'ensemble de la conduite de Sousi eût été une préparation habituelle à la communion, il se disposait néanmoins chaque fois à cette sainte action avec autant de zèle et de soins qu'il en avait marqué lorsqu'il s'en approcha pour la première fois, et l'on peut dire que cette manne divine conserva toujours pour lui le goût de la nouveauté. Il paraît

3.

qu'outre les communions qu'il faisait les dimanches et les fêtes, son confesseur lui en permettait d'autres encore dans différentes occasions : c'est ainsi, par exemple, que je le vois aller communier au grand séminaire de Saint-Sulpice, à certaines fêtes de dévotions particulières à cette maison. Un jour qu'il ne pouvait pas se procurer cet avantage, il écrivit à l'abbé de Flamanville : « C'est demain qu'on célèbre au séminaire la fête de l'*Invitation de la sainte Vierge*. Je ne sais si ma lettre vous arrivera assez tôt pour vous demander part à la communion que vous ne manquerez pas de faire ; mais j'espère que, sans cela, vous ne m'oublierez pas. »

VIII

En mettant ainsi tout en œuvre pour sanctifier les
années de sa jeunésse, Sousi songeait aux moyens
d'assurer sa vertu pour les autres âges de la vie, et
c'est pour cela que, pendant son cours de philosophie, il s'appliqua d'une manière toute particulière
à étudier sa vocation. Toutes les communions et les
bonnes œuvres qu'il faisait alors, il les offrait à Dieu
pour obtenir de lui ses lumières sur le choix de l'état
auquel sa providence le destinait. Il croyait encore
que, pour mériter d'entendre la voix du ciel sur un
objet de cette conséquence, c'était dans le silence et

la retraite qu'il fallait le consulter. Je vois, dans une lettre à un de ses condisciples, qu'il lui donne le conseil de se retirer pendant dix jours dans la maison de Saint-Lazarre, pour réfléchir mûrement sur le choix qu'il voulait faire d'un état de vie. C'était aussi dans une retraite qu'il se proposait de se décider sur sa vocation, et il avait résolu de la faire vers les fêtes de Pâques ; temps auquel l'Université ferme ses classes pour huit jours ; il faisait alors sa physique. « Je sens, écrivait-il à un de ses amis, dans cette circonstance, que j'ai besoin d'une retraite pour me préparer au choix d'un état de vie. Je ne saurais, parmi la disposition de mes études, m'appliquer assez sérieusement aux grandes vérités dont il faut que je sois pénétré, en faisant ce choix décisif. J'aurais désiré de faire cette retraite au séminaire de Saint-Nicolas, persuadé qu'elle m'y serait plus avantageuse qu'en aucun autre endroit, parce que j'y trouverais mon confesseur ; mais, mon père, à qui j'en ai parlé, trouve plus à propos que je la fasse ailleurs. J'ai été trouver M. Polot, pour savoir de lui comment je me conduirais pendant ce temps ; il m'a dit qu'il craignait un peu qu'une retraite ne m'échauffât la poitrine ; qu'il vaudrait peut-être mieux que je n'en fisse pas actuellement, et qu'il en conférerait avec M. Léger. La chose en est encore là. Je désirerais bien qu'ils s'accordassent pour me procurer cet avantage, quoique cependant le meilleur parti que je puisse prendre soit de m'en rapporter à mon confesseur, et de faire le sacrifice de ma retraite s'il le juge à propos. « Il fit, en effet, ce sacrifice, et ce fut peu de temps après qu'il tomba malade de la maladie dont il mourut. »

Quoique Sousi eût étudié sa vocation pendant dix-huit mois, avec le désir le plus sincère de la suivre, quelle qu'elle pût être, Dieu, qui se plaît souvent à exercer la fidélité de ses élus pour embellir leur couronne, laissa le vertueux jeune homme dans l'ignorance la plus profonde de ce qu'il cherchait à découvrir avec un zèle si pur. « Que vous êtes heureux ! disait-il quelquefois à ceux de ses amis qui étaient décidés pour un état de vie : vous voyez devant vous le chemin qui doit vous conduire au ciel, vous n'avez plus qu'à le suivre avec courage et sans regarder derrière vous; pour moi, je demande continuellement à Dieu où il me veut, et Dieu ne me répond point. »

L'abbé de Flamanville, sur le point de se séparer de lui, dans le dessein où il était, comme nous avons vu, de passer dans les missions étrangères, le priait de lui dire à quel état il se croyait appelé. « Je suis si misérable, mon cher ami, lui répondit-il, que j'ignore même si Dieu me jugera jamais digne de m'appeler à aucun état; mais ce que je puis vous assurer, c'est que si je connaissais en ce moment qu'il m'appelât au fond de la mer, je m'y jetterais sans hésiter la tête la première. »

Une lettre que Sousi écrivait à un de ses amis les plus intimes, annonce qu'il estimait beaucoup l'état religieux. « Le Père Bourdaloue, lui dit-il, nous est venu voir à Haute-Brière, et nous a fait un très beau sermon sur les facilités qu'offre la vie religieuse pour travailler au salut, et sur les obstacles qu'on y trouve dans le monde. Ce sermon seul m'aurait persuadé cette vérité si Dieu ne m'avait déjà fait la grâce de m'en convaincre auparavant. Je vous avoue que, quand je pense au temps que j'ai déjà passé inutilement dans le monde, je le regrette beaucoup. » C'est ainsi que l'humble jeune homme comptait pour rien l'application à tous ses devoirs et le soin qu'il prenait de préparer, par les vertus de sa jeunesse, celles des autres âges.

Cependant ses doutes sur l'état qu'il devait embrasser subsistaient toujours, et il n'était pas même possible qu'ils fussent éclaircis, puisqu'ils portaient sur un avenir qui ne devait pas exister. Dieu, en paraissant sourd aux désirs de son cœur, avait sur lui de grands desseins de miséricorde : il voulait offrir en sa personne un modèle de perfection aux jeunes gens et aux autres âges : c'était là le terme de la vocation de Sousi, et, si j'ose le dire, sa mission. C'était de sa fidélité à le remplir, et du soin unique qu'il aurait de sanctifier sa jeunesse, que devaient dépendre son salut et celui de plusieurs autres qui seraient touchés de la sainteté de ses exemples.

IX

L'homme vertueux ne l'est jamais pour lui seul ;
ses exemples sont une leçon continuelle pour ceux
qui ont l'avantage d'en être témoins, et, lors même
qu'il n'a en vue que la gloire de Dieu et sa propre
sanctification, il travaille encore à la sanctification
des autres. Un jeune homme, pour l'ordinaire, a rempli le prétexte de la charité fraternelle quand il a donné
le bon exemple, et ce serait une dangereuse illusion
de sa part de vouloir s'ériger en docteur de la sagesse,
lorsqu'il n'en est encore lui-même que le disciple
imparfait. Sousi fit une exception marquée à cette
règle générale ; il fut tout à la fois l'apôtre et le modèle de la piété : il fut au sein de sa famille, parmi

ses condisciples et ses amis, dans le séminaire de Saint-Sulpice qu'il fréquentait, et au milieu même du monde, dans les rapports qu'il eut avec lui, partout où il paraissait, c'était pour édifier en montrant des vertus; et ceux qui ont eu le plus de part à sa familiarité lui rendent ce témoignage que, depuis l'époque de sa première communion jusqu'à sa mort, ils ne lui ont jamais vu faire une seule action qui ne méritât des louanges, ni entendu prononcer une parole qui ne fût pour ceux qui l'entendaient une sorte d'invitation à la vertu.

Ce n'était point, comme la plupart des enfants, par des compliments flatteurs et des caresses équivoques, c'était par une sagesse de conduite soutenue que Sousi témoignait son affection à ses parents; et toutes les marques extérieures qu'il leur en donnait prenaient leur source de son cœur vertueux. Dès le plus bas âge, il ne se serait pas permis avec eux la plus légère désobéissance, lors même qu'il aurait pu s'en promettre l'impunité. La tendresse qu'ils lui marquaient et leurs dispositions à l'indulgence n'étaient, pour un cœur aussi bien né que le sien, qu'un motif de plus d'éviter avec soin ce qui eût pu leur causer le plus léger désagrément. Il les aimait d'un amour désintéressé, et pour eux-mêmes plus que pour lui; aussi ne demandait-il rien au ciel avec plus de zèle et de persévérance que leur salut. Lorsque son père fut appelé au ministère public, il récitait tous les jours une prière qu'il avait composée lui-même, pour demander à Dieu qu'il fît la grâce au nouveau ministre de ne point se laisser éblouir par les grandeurs de ce monde. Voici comment il écrivait, à cette occasion, à un de ses amis : « Vous savez que M. de Golbert est mort; c'est mon père qui lui succède. Cette dernière nouvelle m'a autant surpris qu'affligé; car, quoique j'espère que Dieu fera la grâce à mon père de remplir sa charge en bon chrétien, les honneurs de la terre sont néanmoins toujours bien à craindre, parce qu'il n'est que trop ordinaire qu'ils conduisent ceux qui les possèdent à oublier le ciel. J'espère, mon cher ami, que vous ne manquerez pas de demander dans vos prières que mon père s'acquitte de cet emploi pour la grande gloire de Dieu et pour son salut. »

Quoique les parents de Sousi, parents sages et religieux, eussent été fort éloignés de lui rien prescrire qu'ils eussent cru pouvoir être désavoué par la religion, il y avait néanmoins une chose en quoi ils lui rendaient l'obéissance pénible : c'était lorsqu'ils l'obligeaient à porter de beaux habits, et à paraître avec les autres ajustements qu'ils jugeaient convenables à son âge et à son rang. Obéir, alors, était pour lui un grand sacrifice, mais qu'il faisait cependant de bonne grâce, et dont il ne parlait qu'à quelques-uns de ses plus vertueux amis. Un jour que son père lui avait fait donner un habit plus riche que ceux qu'il avait coutume de porter, et surtout une très-belle épée (il était alors en philosophie) : « Voyez, je vous prie, dit-il à son ami Flamanville, à quoi nous engagent les grandeurs de ce monde. si j'étais fils

d'un homme du commun : on ne songerait pas à faire
de moi un aimable cavalier. Je vous assure que j'envie quelquefois la condition du petit Jeannot, qui
fait les commissions de l'hôtel ; je porterais plus volontiers ses habits que toutes ces vanités que l'on croit
être de convenance pour le fils d'un ministre, quoiqu'elles conviennent si peu à un chrétien. Mais Dieu
me commande d'obéir à mes parents, voilà ce qui me
rassure et me console. » Un autre jour qu'il avait été
à Villeneuve, continue l'abbé de Flamanville, il
oublia sa belle épée, et je soupçonnai qu'il l'avait fait
à dessein ; mais il m'assura le contraire, et me dit :
« Vous imaginez bien que la satisfaction que je trouverais à ne la pas porter ne mérite pas d'être achetée
par une désobéissance. »

Les maîtres de Sousi n'étaient pas moins édifiés
que ses parents de la manière dont il se conduisait à
leur égard. Leur volonté faisait en tout la règle de la
sienne, et il s'y pliait d'autant plus volontiers que
leur obéir, c'était, disait-il, obéir tout à la fois et à
Dieu et à ses parents. Son obéissance, ainsi comman-
dée par la religion et par la raison, n'était pas un
joug pour lui, ou, si c'en était un, c'était un joug
qu'il portait avec plaisir. Ce fut dès son bas âge qu'il
mérita la confiance et toute l'amitié de ses maîtres,
qui trouvaient en lui, non un enfant qui eût besoin
qu'on le surveillât, mais un jeune ami, l'élève de la
raison et de la religion, auquel il suffisait qu'ils in-
diquassent ses devoirs pour qu'il se portât de lui-
même à les remplir. Lorsqu'il fut en philosophie, on

lui accorda le plus entier exercice de la liberté, et
l'usage qu'il en fit, ce fut pour s'imposer à lui-même
l'obéissance dont on voulait l'affranchir. Il demandait les moindres permissions à son maître avec la
simplicité d'un enfant, et il recevait ses conseils
comme des ordres. Ses amis le savaient si bien que,
lorsqu'une fois il leur avait dit : M. Léger le désire
ainsi, ils ne songeaient pas même à insister pour lui
faire changer d'avis.

Dans la classe, aucun étudiant n'était aussi fidèle
que Sousi à l'ordre établi, et ne donnait une si cu-
rieuse attention aux leçons du professeur. Nous avons
vu, dans le règlement qu'il s'était tracé, qu'il n'aurait pas voulu se permettre de dire un seul mot à
son voisin sans nécessité. Mais, en se faisant une loi
du silence pour tout le temps où il convenait qu'il le
gardât, il s'en était fait une autre d'être toujours prêt
à parler lorsqu'il serait interrogé sur la matière de
la leçon du jour, et jamais il ne se trouva en défaut
à cet égard. On remarqua que, pendant tout son
cours de philosophie, il n'avait pas quitté une seule
fois la place qui lui avait été assignée dans la classe
au commencement de l'année de logique, quoique
l'ordre établi d'abord eût été bientôt interverti par
ses condisciples. Immédiatement après la dictée et
avant l'explication, les étudiants se permettaient, en
arrangeant leurs cahiers, de causer un instant à voix
basse, sous l'approbation tacite du professeur ; Sousi
était le seul qui, se rappelant la loi, ne s'autorisât
point de cette tolérance pour y porter attente. Pen-

dant ce petit intervalle de repos, il s'occupait d'une lecture.

De toutes les personnes que la Providence avait établies au-dessus de lui, il n'en était point auxquelles il obéit avec plus de confiance et de respect qu'à son confesseur. Il le regardait comme l'ange de Dieu, et il recevait ses conseils et ses avis comme autant d'ordres émanés du ciel : il les suivait fidèlement dans les choses mêmes qui ne regardaient qu'indirectement ses confessions, et sur lesquelles il le consultait autant comme un homme éclairé que comme le directeur de sa conscience. Il avait, en effet, trouvé, dans la personne de M. Polot, un de ces guides aussi sages que zélés, sous la direction desquels un jeune homme, avec d'heureuses inclinations, ne peut manquer de faire de grands progrès dans les voies du salut. On peut juger, par le trait suivant, jusqu'où allait la déférence de Sousi pour les conseils que lui donnait le sage supérieur de Saint-Nicolas. Il alla le trouver un jour pour lui faire confidence du désir qu'il se sentait d'assurer son salut dans l'état religieux, et le prier de lui dire son sentiment à cet égard. M. Polot lui répondit qu'il était jeune encore, que ce désir, quelque louable qu'il fût en lui-même, pouvait n'être pas cependant celui auquel Dieu voulait qu'il s'arrêtât, et il finit par lui conseiller de ne pas s'en occuper pendant ses deux années de philosophie, de n'en parler même à personne pendant tout ce temps, mais de se contenter de prier Dieu qu'il l'éclairât, après quoi il lui dirait lui-même son sen-

timent sur l'état de vie auquel il le croirait appe'é.
il en coûta beaucoup à Sousi pour être fidèle à ce
conseil. Ses meilleurs amis, Flamanville et Xili, lui
demandèrent souvent avec des instances qui allaient
jusqu'à l'importunité, pour quel état il se sentait le
plus d'inclination, sans pouvoir obtenir qu'il leur
en fît l'aveu. Jamais même il ne lui échappa la moindre parole qui pût leur faire soupçonner ce sur quoi
M. Polot lui avait conseillé de garder le silence, et
ce ne fût qu'après sa mort qu'ils découvrirent l'un
et l'autre, avec édification, que celui qui n'avait,
dans tout le reste, rien de caché pour eux, savait
garder pour lui seul le secret que lui avait recom-
mandé son confesseur.

X.

La conduite de Sousi avec ses égaux ou ses infé-
rieurs n'était ni moins édifiante ni moins sage que
celle qu'il tenait envers ses supérieurs et ses parents.
Des manières honnêtes et prévenantes, une douceur
inaltérable, et surtout une charité sans bornes, le
faisaient aimer de tous ceux avec lesquels il entretenait les moindres rapports. Il avait peu d'amis particuliers, il les avait si bien choisis, qu'il n'eut jamais qu'à e louer de leur avoir donné sa confiance.

On peut dire aussi que ses amis se perfectionnèrent beaucoup dans sa société, et qu'il acheva lui-même de les rendre dignes de lui C'est ce qu'avouent ingénument ceux qui furent le plus étroitement liés avec lui. Flamanville et Xili, dans les mémoires qu'ils ont laissés sur leur ami commun, assurent qu'après Dieu ce fut à lui qu'ils furent redevables d'avoir bien connu la vertu, et senti la nécessité de la pratiquer dès la jeunesse.

Ce fut à l'abbaye de Joui, comme nous l'avons déjà remarqué, que Sousi vit pour la première fois l'abbé de Flamanville, et les cœurs vertueux dès qu'ils se rencontrent, se rapprochent et s'unissent pour la vie. La rare piété de Sousi d'un côté, les heureuses inclinations de Flamanville de l'autre, furent les fondements de l'étroite union qui régna toujours entre eux, union vraiment chrétienne, et bien digne, sans doute, de servir de modèle aux jeunes gens qui ont à cœur de ne contracter que des amitiés utiles. « Après que j'eus fait sa connaissance, dit l'abbé de Flamanville, il ne fut pas longtemps sans me proposer de faire avec lui plusieurs petits exercices, et de régler notre temps, afin de pouvoir en donner une bonne partie à l'étude. Quoique nous fussions alors en vacances, je pris, à son exemple, la résolution de me lever dès quatre heures et demie. Nous allions aussitôt après dans la forêt voisine de l'abbaye pour y faire notre prière. Comme j'étais ecclésiastique, et que j'habitais un séminaire, il croyait trouver en moi un homme consommé dans la pratique des vertus qu'on enseigne dans ces saintes maisons; il. m'exposait ses sentiments sur l'esprit de prière, de retraite et de mortification, en des termes qui me couvraient de confusion lorsque je faisais un retour sur moi-même. Il ne se contentait pas de bien parler des choses de Dieu, il aimait à en venir à la pratique : il me proposait quelquefois de faire ce que je n'aurais pas même eu le courage de penser. Je le faisais néanmoins, non par des motifs aussi purs que les siens, mais à son exemple, et par la honte que j'aurais eue d'avouer à un laïque, beaucoup plus jeune que moi, que je ne me sentais pas la force d'exécuter ce qu'il avait lui-même le courage de me proposer.

Un des meilleurs amis de Sousi, après l'abbé de Flamanville, ce fut Xili, ce jeune Irlandais dont nous avons déjà parlé. Ils eurent ensemble les relations les plus intimes et les plus suivies. Ils étaient condisciples, et il paraît qu'ils avaient commencé à se connaître étant l'un et l'autre en rhétorique. Ils firent ensuite leur philosophie sous le même professeur. Xili avait, comme Flamanville, un excellent fond et le plus heureux caractère, mais ses dispositions naturelles à la vertu avaient besoin d'être veillées, en quelque sorte, et dirigées par le zèle tendre et éclairé d'un ami tel que Sousi. La gaîté de Xili tenait un peu de l'étourderie, et l'entretenait dans la dissipation. Sans négliger entièrement ses devoirs, il les remplissait assez superficiellement. Il était toujours disposé à rire et à folâtrer ; et, quoiqu'il se sentît autant d'affection que d'estime pour Sousi, il

avoue néanmoins que, lorsqu'il commença à le connaître, sa vertu paraissait avoir quelque chose de
trop grave et de trop austère, qu'il eût voulu pouvoir réformer; mais ce fut lui-même, au contraire,
qui, sans y songer, se trouva reformé en pratiquant
son vertueux condisciple. On pourra juger du caractère des deux amis par l'entretien suivant, extrait
des mémoires de Xili.

« Je voulais quelquefois badiner, dit-il, je lui faisais des contes pour rire, et je lui disais ce qui me
passait par la tête. Il m'en reprenait et m'en marquait sa peine, mais avec la plus grande douceur.
— Mon ami, me disait-il, retranchons cela, parlons
de quelque chose plus utile. — Mais, lui répondais-je,
il faut bien s'amuser un peu et n'être pas toujours
également sérieux. — Oui, mais tâchons aussi de ne
pas nous permettre si souvent, dans nos amusements,
de ces propos oiseux, dont il nous faudrait rendre
compte à Dieu. — Eh bien ! poursuivais-je, qu'est-
ce qu'on dit de nouveau à la cour ? Comment va la
guerre de Hongrie ? — Vous savez bien que les nouvelles politiques ne m'occupent guère. — Comment
pouvez-vous les ignorer, vous le fils d'un ministre?
— C'est que le gouvernement de l'état et la conduite des armées ne me regarde nullement. — Cela
ne me regarde pas plus qu'à vous, mais on est toujours bien aise de savoir un peu ce qui se passe dans
le monde. — Pour moi, mon ami, je vous avoue que
ma logique à apprendre et mon salut à faire, c'en est
bien autant qu'il en faut pour m'occuper tout entier.

Modele   4

« — Il faut convenir que vous avez de bien beaux cheveux ; je ne me lasse point de les admirer. Pourquoi
donc ne les faites-vous pas mieux arranger, vous qui
avez un valet de chambre à vos ordres ? — C'est, mon
ami, parce qu'un homme, et surtout un chrétien,
doit songer à meubler le dedans de sa tête et laisser
aux femmes et aux esprits frivoles le soin de la parure extérieure. — Vous devriez bien du moins vous
faire poudrer, comme je fais, moi qui ne suis pas
un si gros seigneur que vous. — Oh ! oui, sans
doute, il faudra, pour complaire à notre cher Xili,
que je me poudre comme lui ; il faudra que je fasse
l'aimable, et que je tranche du petit marquis : cela
m'irait on ne peut pas mieux. — Mais, dites-moi :
voici que la fête de Saint-Germain approche, n'irons-
nous pas y faire un tour ? — Eh ! qu'irions-nous y
faire ? — Il n'y manquera pas, sans doute, de choses
fort curieures à voir. — Oui, nous y verrons des
bouffons indécents, des polissons qui se battent, des
ivrognes qui jurent, et partout des gens qui offensent
Dieu. — Mais, sans vous arrêter à tout cela, ayant
autant d'argent que vous en avez, vous entrerez
dans des boutiques, où vous pourrez satisfaire vos
goûts et acheter différentes curiosités qui ne se trou-
vent pas ailleurs. — Ah ! mon ami, quand nous
avons quelque argent à notre disposition, il vaut bien
mieux donner du pain à de pauvres malheureux que
de nous donner à nous-mêmes ces bagatelles inutiles. »

Xili, qui nous apprend ici lui-même quelle était

sa légèreté au temps où il commença à se lier d'amitié avec Sousi, se sentit peu à peu touché de la sagesse de ses discours, et entraîné ensuite par la force de ses exemples. Bientôt il s'appliqua uniquement à imiter un modèle dont la beauté le charmait ; il embrassa l'état ecclésiastique, et devint un prêtre édifiant. Lorsque Sousi eut vu son jeune ami dans la résolution de se donner sérieusement à Dieu, il parut redoubler pour lui de zèle et de tendresse : il ne négligea rien pour lui prouver la sincérité de son attachement et lui faire ressentir les précieux avantages de l'amitié vertueuse. Il l'aida de ses conseils, et le soutint par ses bons avis, il s'appliqua surtout à le prémunir contre l'inconstance naturelle aux jeunes gens, et contre les tentations de découragement, trop souvent funeste à ceux mêmes qui se sentent intérieurement appelés de Dieu à un genre de vie plus parfait. Un jour que Xili s'ouvrit à lui, et le consultait sur le choix d'un état, indécis sur tous, parce qu'il découvrait en tous des peines à essuyer e des dangers à courir : « Mon ami, lui dit Sousi, vous ne vous arrêterez sûrement au choix d'aucun état si vous prétendez en trouver un qui n'ait pas ses embarras et ses charges. Puisque notre Seigneur fut dans les travaux dès sa jeunesse, nous ne devons nous flatter d'arriver nous-mêmes au ciel que par le chemin des tribulations et par la patience qui nous les rend méritoires. » « Et, pour mieux me persuader ce qu'il me disait, ajoute Xili, il me conseilla de lire un chapitre de l'Imitation qui a pour titre : *De regiâ viâ sanctæ Crucis*, et de m'en faire l'application suivant les besoins de mon état. »

Cependant, comme Xili était toujours dans la perplexité sur sa vocation, sans qu'aucune considération pût le déterminer à se fixer, Sousi, au commencement d'une vacance, lui conseilla de consulter Dieu plus particulièrement sur cette affaire pendant les jours de loisir qu'il avait, et d'aller, pour cela, faire une retraite dans la maison de Saint-Lazare. Ce conseil parut d'abord fort sage à Xili, qui promit à son ami de le suivre ; mais, ayant imaginé ensuite y découvrir quelques inconvénients, il en différa l'exécution, et il écrivit à Sousi pour lui exposer les raisons de son délai. Il lui alléguait, entre autres choses, ce qu'il lui était venu en pensée que, s'il fallait faire une retraite à Saint-Lazare, il pourrait bien être tenté de ne plus sortir de cette maison et de s'y fixer pour la vie, et il semblait craindre de se voir entraîner par cette vocation. Voici la réponse que lui fit Sousi · « Je suis bien fâché, mon cher ami, d'apprendre que vous ne soyez pas à Saint-Lazare, d'autant plus que les raisons qui vous détournent d'y aller devraient, tout au contraire, vous y engager. Et ne seriez-vous pas bienheureux si, en allant faire une retraite dans cette maison, vous découvriez que c'est l'endroit où le ciel veut que vous demeuriez ? Vous seriez alors tout entier à Dieu, l'unique objet auquel nous devrions nous attacher en cette vie, puisque nous ne sommes faits que pour lui. Ce motif ne doit donc pas vous détourner de vous rendre à

Saint-Lazare, si vous pouvez y trouver place, et je vous exhorte toujours à ne pas négliger ce moyen de salut. Souvent Dieu, dans la retraite, répand sur nous des grâces qu'il ne nous communique pas au milieu de la dissipation du monde, et quelquefois notre salut dépendra de dix jours que nous aurons employés à chercher Dieu véritablement. Vous en ferez, mon cher ami, comme votre prudence vous le dictera, mais ayez soin de consulter là-dessus le Seigneur : la matière est assez importante. Pour moi, je vous avoue qu'à votre place, je ne laisserais pas échapper cette heureuse occasion, qui ne reviendra peut-être jamais pour vous, et que vous pourriez regretter un jour inutilement. Dans le fond, il est bien difficile que nos études et les occupations qui nous dissipent dans le courant de l'année nous laissent le temps et la liberté de faire d'assez sérieuses réflexions sur nous-mêmes, de comparer la brièveté de la vie présente aux profondeurs de l'éternité ; et cependant il est absolument nécessaire de nous pénétrer une bonne fois de ces grandes vérités, si nous ne voulons pas nous laisser entraîner au torrent, si nous voulons résister aux occasions qui se présentent de tous côtés pour nous séduire. »

Cette lettre était trop pressante pour ne pas produire son effet sur l'esprit de Xili. Sans délibérer davantage, il se rendit à Saint-Lazare pour y faire sa retraite, et il en profita. A peine l'eut-il achevée, qu'il alla trouver son ami pour le remercier du bon conseil qu'il lui avait donné. Il lui avoua néanmoins

qu'il lui était survenu quelques inquiétudes qui n'é-
taient pas encore entièrement dissipées : « Tant
mieux, mon ami, lui dit Sousi, car les tentations que
le démon vous a suscitées pendant votre retraite sont
une preuve qu'il voyait avec dépit le fruit que vous
retiriez de cet exercice ; et c'est une autre de ses
ruses de chercher encore aujourd'hui à vous trou-
bler et à vous jeter dans le découragement pour empêcher l'effet des bonnes résolutions que vous avez
formées. »

Cette retraite acheva de changer Xili en un homme
nouveau. Il aimait la vertu auparavant, il la pra-
tiqua depuis avec ferveur et persévérance, au point
de mériter que Sousi lui donnât cette marque particulière de sa confiance : « Je sais, lui dit-il un jour,
combien vous m'êtes attaché : c'est ce qui m'engage
à vous prier, par l'amitié qui nous unit, de m'avertir sans détour et hardiment de tous les défauts
que vous remarquerez en moi ; je vous déclare que
c'est à cette franchise que je reconnais mes vrais
amis. »

Sousi, en faisant un devoir à ses amis de lui faire
connaître ses défauts, ne manquait pas de leur rendre à son tour ce bon office. Il les avertissait chari-
tablement de tout ce qu'il croyait pouvoir leur être
de quelque utilité, surtout dans l'ordre du salut.
C'est ainsi qu'il reprenait assez souvent Xili, dans
ses conversations ou dans ses lettres, du penchant
qu'il avait à dire de ces choses obligeantes qui ne
sont que des flatteries insidieuses pour ceux aux-

quels elles s'adressent. Songez donc, lui disait-il, que quand vous donnez des louanges à quelqu'un en sa présence, vous lui tendez un piége, et l'exposez à la vanité. » Et dans une lettre qu'il lui écrivait : » J'ai un reproche à vous faire, lui dit-il, sur la manière dont vous m'écrivez, et qui n'est dans l'ordre sous aucun rapport. Vous saurez, par exemple, qu'un homme de ma qualité, puisque ce sont vos termes, n'est pas plus que le dernier des pauvres : nous sommes tous hommes, et Dieu dont le jugement doit régler le nôtre, ne met aucune différence entre l'homme de qualité et le pauvre ; je me trompe, il en met une ; et le pauvre est plus grand à ses yeux que l'homme de qualité. Je vous prie donc, mon ami, de rayer de vos papiers ces sortes de compliments, et d'être bien persuadé que vous ne me ferez jamais plus de plaisir que quand vous en userez plus amicalement avec moi. »

Un de ces moyens qu'employait volontiers Sousi avec ses amis pour grossir le trésor de ses mérites et s'animer de plus en plus à la piété, c'était de leur proposer d'offrir à Dieu pour lui quelques bonnes œuvres, une prière, par exemple, un acte de mortification, une communion, avec promesse de faire réciproquement la même chose pour eux. C'était là, disait-il, un excellent commerce, par lequel on s'enrichissait également et de ce que l'on donnait aux autres, et de ce qu'on recevait d'eux : « J'avais fait avec lui, dit l'abbé de Flamanville, une convention dont tout l'avantage était pour moi. Nous nous étions

réciproquement promis part commune à tout bien
que l'un et l'autre ferait pendant sa vie, et secours
après la mort. Nous ratifiâmes ce pacte d'amitié un
jour de la Nativité de la sainte Vierge. Il m'offrit à
Dieu, je fis la même chose de mon côté, et nous re-
nouvelions notre offrande mutuelle à toutes nos communions. » Je lis en effet, dans une des lettres de
Sousi à son ami : « Accordez-moi toujours part de
frère dans vos prières et bonnes œuvres, et comptez
sur ma fidélité à faire la même chose ; je dois communier demain pour vous et pour moi. »

XI

Ce n'était pas seulement à ses amis que Sousi savait inspirer la piété et faire aimer la vertu, toutes les relations qu'il avait au-dehors devenaient une source d'édification pour ceux qui avaient l'avantage de le connaître et de l'approcher. On ne pouvait le voir sans admirer sa vertu, ni le voir souvent sans se sentir touché de quelque désir de l'imiter. Sa seule présence persuadait mieux la piété que n'eussent pu faire les discours des autres; son caractère droit et franc, sa candeur, son ingénuité, un ton aisé de

4.

bonne éducation, et, plus que tout cela encore, un fonds inépuisable de charité pour le prochain lui conciliaient une estime générale et lui gagnaient tous les cœurs.

Le premier degré de sa charité, c'était de se tenir en garde contre ce qui eût pu blesser le moins du monde les personnes avec lesquelles on s'entretenait, ou dont il entendait parler. Il avait pour principe invariable de prendre la défense des absents qu'on accusait, et de ne jamais applaudir aux torts qu'on leur attribuait, eût-on prétendu qu'ils fussent de la plus grande notoriété. Ses amis, Flamanville et Xili, avouent que quelquefois, en lui parlant de certains faits d'une publicité scandaleuse, ils auraient cru l'avoir mis dans une sorte de nécessité de blâmer les personnes qui en étaient convaincues ; mais ils ajoutent que, dans ces occasions mêmes, il avait encore le talent de tourner les choses du côté le moins défavorable, et de manière à ne blesser en rien la charité chrétienne, et à leur offrir à eux-mêmes une leçon. « En toute ma vie, dit l'abbé de Flamanville, je ne lui ai ouï dire aucun mal de qui que ce soit, pas même rapporter ses défauts connus. Sa délicatesse à ménager la réputation du prochain était si grande, qu'elle m'a donné lieu de remarquer en lui les deux traits suivants, qu'il faudrait cependant juger avec bien de la sévérité pour y trouver de la médisance. Lorsque M. Xili commença à se donner plus sérieusement à Dieu, il me dit en confidence : « Priez bien Dieu, je vous en conjure, pour notre ami Xili ; il est bien

changé depuis qu'il a fait une retraite. » Et une autre
fois, c'était au commencement de sa maladie, il me
parla de l'ordonnance de son médecin, qui lui prescrivait de faire gras les jours maigres, et me rendit
compte de la visite qu'il venait de lui faire en ces
termes : « Mon médecin sort d'ici, il m'a dit : Je vois
avec plaisir que votre pouls va mieux. Le bon homme
a cru me l'avoir tâté, mais je vous assure qu'il n'en a
rien fait. » Ce sont là les plus grandes médisances
qu'offre la vie entière de Sousi.

Autant le charitable jeune homme était attentif à
ne jamais parler des autres en mal, autant il marquait d'empressement à en dire du bien lorsqu'il en
trouvait l'occasion, et le bien qu'il disait il le pensait
toujours. Ses yeux, si clairvoyants sur ses moindres
imperfections, étaient fermés sur les défauts des autres, quelquefois les plus grossiers. On aurait cru, à
l'entendre, que tout le monde, excepté lui, était parfait. Si on le mettait dans le cas de se comparer avec
quelqu'un, il ne le faisait qu'en plaçant bien au-dessus de lui celui dont il parlait. Il ne lui suffisait pas
de dire du bien d'une personne, il le faisait toujours
au superlatif : ce condisciple était *un très-bon esprit*,
celui-ci *un très-bon ami*, cet autre un garçon *très-
sage*. Il parlait à peu près sur le même ton des autres
personnes de sa connaissance. Les domestiques mêmes, ceux de son père, comme ceux du collége et des
maisons qu'il fréquentait, étaient tous des sujets précieux, les uns pour leur adresse, les autres pour leur
discrétion, ceux-ci pour leur simplicité ; et les moins

recommandables l'étaient du moins pour leur fidélité. « Il n'y avait pas, dit l'abbé de Flamanville, jusqu'à son frère Maurice qui ne laissait échapper aucune occasion d'exercer sa patience, et surtout de venir nous importuner toutes les fois que nous étions ensemble, qui ne lui parût mériter les attentions les plus marquées et presque son respect, par la raison qu'il était son aîné. Celui-ci, en vertu de son droit d'aînesse, lui donnait quelquefois des ordres que des domestiques mêmes auraient été bien simples d'exécuter, et il s'empressait de lui obéir. J'ai souvent admiré l'égalité d'âme et la patience invincible qu'il montrait à son égard, dans les occasions où il me semblait qu'il eût été bon, pour sa tranquillité, qu'il fît du moins semblant de se fâcher. »

Ce n'est pas, sans doute, comme nous l'avons assez remarqué, que Sousi fût ni de ces esprits bornés qui ne voient pas loin, ni de ces caractères apathiques que rien n'affecte vivement; personne ne montrait en tout plus de pénétration et de discernement, et il se distingua toujours de ceux de son âge par les qualités de son esprit. Mais, dans le commerce qu'il avait avec eux, il semblait oublier la supériorité de son esprit pour ne faire usage que de la bonté de son cœur, si toutefois on ne peut pas dire que ce soit faire preuve d'un excellent esprit que de faire servir ainsi celui qu'on a à procurer de nouveaux suffrages à la vertu. Il eût été difficile, en effet, de ne pas se rendre enfin aux procédés honnêtes et aux exemples pleins de douceur et de modération qu'offrait Sousi, et nous verrons que l'impression qu'ils firent sur son frère Maurice, pour avoir été différée de quelques années, n'en fut que plus durable.

Ce jeune étourdi, aujourd'hui sans réflexion, deviendra un grand serviteur de Dieu ; son changement sera frappant, et il reconnaîtra lui-même qu'il le doit aux bons exemples et aux vertus touchantes de son frère.

La modestie de Sousi égalait son mérite et relevait infiniment le prix de ses bonnes qualités. Quoique fort instruit pour son âge, et parlant avec beaucoup de facilité, on ne le voyait point, dans une compagnie, s'emparer de la conversation, et encore moins chercher à y primer et à faire valoir la supériorité de ses connaissances. Il écoutait toujours plus volontiers qu'il ne parlait. Il ne se serait pas permis d'interrompre un condisciple, ni même un inférieur, dans la conversation. Au contraire, si quelqu'un, lorsqu'il parlait lui-même, prenait la parole, il se taisait aussitôt pour l'écouter ; et cette incivilité, que la légèreté, autant que le défaut d'éducation, rend ordinaire aux jeunes gens, il paraissait aussi attentif à la respecter dans les autres qu'il était sévère à se l'interdire à lui-même.

Personne n'aimait autant à obliger que Sousi : c'était lui offrir une jouissance que de le mettre à portée de rendre un service. Il le faisait souvent sans en avoir été prié. Mais, en cela, comme en tout le reste, les sentiments de son cœur étaient toujours épurés par des motifs surnaturels. Ayant su qu'une

personne infirme et d'un caractère assez bizarre aimait à s'entretenir avec lui, il lui faisait de fréquentes
visites, quoiqu'il ne pût se promettre que beaucoup
d'ennuis pour prix de sa complaisance. Il n'était
rien qu'il n'eût été disposé à faire pour épargner le
moindre chagrin au moindre des hommes. « Un
jour, dit l'abbé de Flamanville, que je le trouvai
occupé à décrotter ses souliers, je lui en marquai
quelque surprise, parce qu'il avait un valet de chambre pour le servir : C'est, me répondit-il, parce
que *Content* (c'était le nom de ce domestique) serait
grondé si on s'apercevait de la malpropreté de mes
souliers. Je suis bien aise de lui épargner ce désagrément. »

Mais où la charité de Sousi se développait dans
toute son activité, c'était lorsqu'il s'agissait de porter
un condisciple à la vertu, ou de le ramener de quelque égarement. Il commençait par le recommander
à Dieu par ses prières et ses communions. Il mettait
ses amis dans le secret de sa pieuse entreprise, et il
concertait avec eux les moyens les plus propres à la
faire réussir. Il faisait naître l'occasion de se trouver
avec le jeune homme. S'il n'habitait pas le collége,
quelqu'un se chargeait de le lui amener, et c'était
sans peine qu'on le déterminait à une démarche qui
devait lui procurer l'avantage de faire connaissance
avec le fils d'un ministre. Sousi faisait l'accueil le
plus gracieux à celui qu'on lui présentait; et, dès la
première entrevue, il ouvrait son cœur à la confiance
par des manières pleines de douceur et de franchise.

Dans une seconde visite, il invitait celui qui le venait
voir à en agir avec lui comme avec un ami, et lui-
même, de son côté, ne le voyait plus que sous ce
rapport. Bientôt il parlait de l'abondance de son cœur,
il l'entretenait du bonheur d'une jeunesse passée dans
l'innocence. C'est aux cœurs vertueux qu'il appartient
de parler dignement de la vertu, et les lèvres pures
ont une grâce merveilleuse pour la rendre aimable.
Sousi en relevait si bien les avantages ; il parlait avec
tant d'onction de la douce paix qu'elle porte dans une
âme ; il la peignait enfin avec tant de charmes et sous
des traits si touchants, qu'il forçait au repentir celui
qui avait eu le malheur de l'abandonner. Suivant ce
qu'on lui avait fait connaître des besoins de chacun
de ceux avec qui il traitait, à l'un il faisait voir les
suites, souvent funestes, des liaisons inconsidérées, à
l'autre le danger des spectacles, à celui-ci le danger
plus grand encore de la lecture des mauvais livres, à
tous enfin le malheur d'une âme égarée par ses passions et séparée de son Dieu.

Sousi devait trouver parmi ses condisciples peu de
cœurs insensibles à ces tendres empressements de sa
charité pour eux ; il en trouva cependant quelques-
uns ; mais comme, en tout ce qu'il faisait, il n'avait
pour but que de plaire à Dieu, qui juge l'intention
et qui la récompense plus que le succès, on le voyait
toujours d'une humeur égale, soit qu'il eût réussi ou
non dans ce que son zèle lui avait fait entreprendre ;
ou plutôt il croyait toujours avoir réussi dès qu'il
avait cherché à procurer la gloire de Dieu et le salut

d'une âme. Jamais on ne l'entendait ni blâmer personne, ni se plaindre de personne, pas même de ceux qui refusaient d'écouter ses conseils les plus sages, ou de se rendre à ses invitations les plus pressantes. Dans aucune occasion sa douceur et sa modération ne l'abandonnaient. Avait-il à traiter avec des esprits difficiles et des caractères opiniâtres, sans contester avec eux, sans prétendre les subjuguer de force, et content de leur montrer la raison qu'ils blessaient ou la vertu dont ils s'écartaient, il laissait à Dieu le soin de les y ramener, et il priait pour eux.

Dans des dispositions si sages et si chrétiennes, Sousi ne trouvait ni désagréments fâcheux, ni obstacles insurmontables dans l'exercice de sa charité; et plus d'une fois il ramena, par sa seule présence, ceux qui avaient commencé par insulter à son zèle. Il craignait jusqu'à l'ombre de l'inimitié; il ne comprenait pas comment on pouvait avoir un ennemi. Un jeune homme avec lequel il était lié depuis long-temps, et qu'il avait mis dans sa confidence la plus intime, lui manqua de fidélité, et alla jusqu'à trahir le secret des pieux artifices qu'il employait pour attirer ses condisciples et les porter à la vertu, ce qui déconcerta les mesures et fit échouer plusieurs projets dont il pouvait se promettre la réussite. Ses amis, dans cette occasion, et Xili surtout, lui conseillaient de rompre tout commerce avec celui qui avait été capable d'un tel abus de confiance; mais ce fut en vain; et, en convenant que ce jeune homme, qu'il appelait indiscret, et que les autres appelaient perfide, lui

avait causé une des plus grandes peines qu'il pût
ressentir, il ajouta : « Il faut nous soumettre à la
Providence, qui a permis qu'il fît ce qu'il a fait ; je ne
veux lui marquer ni ressentiment ni froideur, et, par
la grâce de Dieu, je continuerai à en user à son égard
avec la même cordialité qu'auparavant. » « Et comme
il savait, ajoute Xili, qui rapporte ce trait, que j'avais
des sentiments bien différents des siens, il me con-
jura de les déposer et d'en agir comme par le passé
avec celui qui nous avait trahis. » C'est ainsi que Sousi
se vengeait du mal par le bien. Rien n'était capable
d'aliéner sa charité ; rien non plus ne pouvait déga-
ger son zèle pour la sanctification des âmes, et, dans
cette circonstance, les mesures qu'il avait prises pour
attirer ses camarades à la vertu ayant été rompues, il
en concerta de nouvelles que son ingénieuse charité
sut rendre encore efficaces.

XII

Le bien que fit Sousi parmi les étudiants de l'Université de Paris ne fut nulle part plus étendu ni plus marqué qu'au grand séminaire de Saint-Sulpice, quoique sa modestie ne lui eût jamais permis de le croire. C'était en venant lui-même y chercher des leçons de vertus qu'il en donnait les plus touchants exemples. M. Tronson, alors supérieur-général de la Congrégation, ayant vu le jeune homme dont il avait déjà ouï parler, jugea, dès le premier entretien qu'il eut avec lui, que sa réputation n'égalait pas en-

core sa vertu ; il le dit à l'abbé de Flamanville, qui le
lui avait présenté, et l'engagea à l'amener le plus
souvent qu'il pourrait au séminaire, persuadé que
sa présence y serait de la plus grande édification
pour ceux qui l'habitaient. Sousi, en effet, ne leur
parlait que du bonheur qu'ils avaient de vivre lo'n
des scandales du monde, dans une maison où tout leur
parlait de Dieu, et les rappelait à la vertu, où, sans
inquiétude, et n'ayant à s'occuper que d'eux-mêmes,
la seule bonne volonté suffisait pour leur garantir le
bon emploi de leur journée, dont tous les instants,
soumis à une règle sage, répondaient à des devoirs
précieux, et étaient consacrés par l'obéissance. Tout
ce qu'il disait faisait impression, parce qu'il ne disait
que ce qu'il sentait vivement ; et c'était avec autant
d'étonnement que d'intérêt qu'on entendait un jeune
laïque apprécier si bien les avantages de la vie de
retraite qui prépare au sacerdoce. L'abbé de Flamanville assure qu'il a connu plusieurs jeunes gens qui,
dans le commencement de leur arrivée au séminaire, s'y ennuyaient au point d'en regarder le séjour
comme insupportable et de songer à le quitter, mais
qui, après avoir entendu Sousi envier si sincèrement
leur sort, commençaient à l'envisager eux-mêmes
avec d'autres yeux, bannissaient l'ennui, étudiaient
mieux leur vocation, et ne songeaient plus qu'aux
moyens d'y répondre.

Sousi avait sur l'état ecclésiastique tous les sentiments que peut en inspirer une connaissance approfondie par la foi. Il croyait voir dans un prêtre l'ima-

ge vivante de Jésus-Christ ; il lui supposait toutes les vertus de son divin modèle ; il n'imaginait pas même qu'on pût être autre qu'un saint quand on aspirait à la dignité sacerdotale : aussi marquait-il aux plus jeunes tonsurés, qui habitaient le séminaire, un respect singulier, et qui eût suffi pour leur faire sentir combien ils devaient respecter eux-mêmes le saint état auquel ils étaient initiés. Ce sentiment, fruit de sa grande foi, était en lui si sincère et si vrai qu'on en était pénétré en le lui voyant quelquefois exprimer. Un jour qu'étant au séminaire, il avait été voir l'abbé de Robien, alors sous-diacre, celui-ci, lorsqu'il sortit de sa chambre, prit un flambeau pour l'éclairer sur l'escalier, et le reconduisit malgré lui jusqu'à la porte. La première fois que Sousi vit l'abbé de Flamanville, il lui parla de ce qu'avait fait l'abbé de Robien, comme d'un étrange renversement d'ordre. « Et sur ce que je lui dis, continue l'abbé de Flamanville, que ce n'était pas là un grand malheur, et que l'abbé de Robien n'avait fait que son devoir : « Eh quoi ! mon ami, reprit-il, vous croyez qu'il était dans l'ordre qu'un sous-diacre, député par l'Eglise pour porter les vases sacrés à l'autel, portât un flambeau devant un laïque, et devant moi ? Je vous assure que cela me paraissait une chose honteuse qui blessait toutes les bienséances, et qui devait m'humilier. »

Quoique Sousi, dans sa profonde humilité, n'osât aspirer lui-même au sacerdoce, il parlait toujours avec complaisance du bonheur de ceux que le ciel favorisait de cette vocation sublime. Aucune situation ne lui paraissait comparable à celle d'un jeune ! omme que l'esprit de Dieu conduit au séminaire avec le désir d'y travailler à sa perfection, et l'espérance de devenir un jour, par ses travaux, le coopérateur de Jésus-Christ dans l'œuvre de la rédemption du monde. Ses réflexions à ce sujet en faisaient faire de salutaires à tous les ecclésiastiques du séminaire, aux plus réguliers d'entre eux et aux prêtres mêmes. « Je me souviens, dit l'abbé de Flamanville, qu'un des plus fervents et des plus anciens de la maison me disait, en me remerciant : Amenez-nous donc souvent M. de Sousi ; car je vous assure que, depuis dix ans que j'habite le séminaire, rien de tout ce que j'y ai vu et entendu n'a parlé à mon cœur comme les discours et la piété de ce saint jeune homme. »

Dès qu'une fois il eut été connu dans le séminaire, c'était une vraie fête quand on pouvait l'y posséder, et chacun se disputait l'avantage de le voir et de l'entendre. Il n'y faisait d'abord ses visites qu'au temps des récréations ; mais, dans la suite, ses amis lui ayant dit qu'il pourrait bien, certains jours de fêtes particulières à la maison, y passer la journée entière, et que cela ne pourrait que faire plaisir au supérieur, il accepta leur offre avec reconnaissance et comme une faveur singulière. Ces jours étaient pour lui les plus beaux de sa vie. Il suivait alors tous les exercices de la communauté, et la règle d'un séminaire lui paraissait une règle douce. Il édifiait partout dans cette maison édifiante, mais surtout à la chapelle. C'est là que son attention à contenir tous ses sens, son profond recueillement pendant les offices, l'ardeur sensible de la dévotion qu'il portait à la sainte table, tout son extérieur, en un mot, annonçait les saintes dispositions de son âme, et aurait touché le cœur le plus indifférent.

C'était partout, au reste, que Sousi, aux pieds des autels, offrait le spectacle d'édification qu'il donnait dans la chapelle de Saint-Sulpice. « Ce fut de lui, dit l'abbé de Flamanville, que j'appris la manière dont on doit se comporter dans le lieu saint. Lorsque je l'accompagnais à Joui, j'avais soin de me placer à l'église dans un endroit d'où je pouvais l'apercevoir. Il me suffisait de jeter les yeux sur lui pour me sentir efficacement porté au recueillement, et les religieux de cette abbaye m'ont également assuré qu'ils n'éprouvaient jamais plus d'ardeur dans la prière que lorsqu'ils le voyaient à l'église.

Une seule chose faisait de la peine à Sousi lorsqu'il allait au séminaire : c'était de voir qu'on y eût pour lui quelques attentions particulières. Il souffrait beaucoup, par exemple, lorsqu'au réfectoire on ajoutait quelque chose pour lui à la portion ordinaire des séminaristes. Il se croyait déjà trop honoré d'être assis parmi les ecclésiastiques, et admis, comme il le disait quelquefois, dans la société des saints ; il ignorait que personne n'était plus digne que lui de figurer dans une telle société. Mais son erreur sur son mérite ne trompait que lui seul, et chacun disait qu'il ne lui manquait que l'habit de l'état ecclésiastique, dont il avait déjà toutes les vertus.

XIII

Son zèle surtout pour le salut des âmes était sans bornes, et pourrait être proposé pour modèle à ceux qui sont chargés d'y travailler par état. Nous avons déjà vu avec quelle ingénieuse charité, après avoir gagné la confiance des jeunes gens de son âge, il s'appliquait à leur inspirer l'amour de la vertu ; il s'imagina bientôt d'étendre plus loin son zèle, et ceux qui, après ses condisciples et ses amis, lui parurent le plus digne objet de ses soins charitables, ce furent les enfants des pauvres et les plus abandonnés d'entre eux. Attirés, les uns par les aumônes, d'autres par le désir de s'instruire, un nombre de ces enfants, tous ramoneurs de cheminées, se rendaient tous les jours au collége de Reims et se rassemblaient, suivant le rapport de Xili, au coin de la cour, derrière la classe de physique. Sousi, en sortant de classe, allait les trouver, leur faisait réciter la leçon du catéchisme qu'il leur avait enseignée la veille, la leur expliquait, et s'assurait, en les interrogeant, qu'ils l'entendaient. Avant de les congédier, il leur faisait à tous une aumône, plus forte à ceux qui l'avaient le mieux satisfait. Il payait quelque chose aux plus grands et à ceux qui savaient lire, pour qu'ils se donnassent la peine d'instruire les plus petits, et il mesurait sa libéralité sur les progrès de ceux dont il leur avait confié l'instruction. C'est par ses soins et en prenant ses mesures, qu'il apprenait à ces pauvres enfants à connaître le prix de leur âme, à sanctifier leurs travaux, à s'unir à Dieu par la prière. Il ne les abandonnait pas qu'il ne les eût mis en état de faire avec fruit leur première communion, et de sentir l'importance et le besoin des grâces que les sacrements communiquent.

Ce qu'il pratiquait au collége de Reims s'établit encore par ses soins dans celui de Laon; et Dieu bénit si visiblement son zèle en faveur de ces enfants, jusqu'alors abandonnés, qu'après lui ils ne le furent plus. On vit toujours, depuis ce temps-là, dans la capitale, non pas, à la vérité, des étudiants et des laïques, mais des ecclésiastiques, héritiers de sa charité, qui prirent un soin particulier des petits ramoneurs, connus sous le nom de savoyards, et aujourd'hui le séminaire des Missions étrangères et plusieurs paroisses leur offrent des instructions chrétiennes et des retraites.

L'instruction des pauvres était comme la dévotion privilégiée de Sousi: il tâchait de l'inspirer à ses amis, auxquels il rappelait le souvenir du Sauveur du monde, qu'il rassemblait les petits enfants auprès de lui, les bénissait et les instruisait suivant leur portée. « Il m'a engagé moi-même, dit Xili, à me charger d'instruire en particulier quatre de ces enfants dont deux devaient faire leur première communion. Un autre jour que j'étais avec lui, une pauvre femme nous aborda pour nous demander l'aumône; elle conduisait alors deux enfants déjà assez âgés. Il lui demanda si elle avait le moyen de les élever chrétiennement, et s'ils savaient le Catéchisme. Sur ce qu'elle répondit que non, il me chargea de leur chercher un maître d'école qui pût leur apprendre à lire et les instruire de la religion. Je remplis ses vues et les plaçai chez un maître auquel il paya jusqu'à sa mort ce dont j'étais convenu pour leur instruction. » Je lis dans une lettre que Sousi écrivait à l'abbé de Flamanville : « Si vous vous occupez du besoin spirituel des pauvres, comme je n'en doute pas, je vous conseille de lire le sixième chapitre de saint Luc; vous y trouverez une source d'instructions qui leur sont propres. Ce chapitre renferme tout ce qu'on peut dire de plus consolant à ceux qui souffrent, et il me semble, d'après cela, que, quand on est dans l'affliction, on a bien plus sujet de se rejouir que de s'attrister. »

Toutes les occasions que trouvait Sousi d'instruire les enfants des pauvres des vérités du salut étaient précieuses à ses yeux; il n'en laissait échapper au-

5

cune. Pendant le temps de ses vacances, qu'il passait à Joui, comme tous les enfants de la paroisse fréquentaient les instructions publiques, il s'informait quels étaient ceux d'entre eux qui avaient le moins de dispositions ; il les faisait venir chez lui pour leur donner des leçons particulières, et, par sa patience et sa douceur, il venait à bout de leur inculquer les principales vérités de la religion. C'était en s'efforçant de communiquer aussi la science du salut aux enfants des pauvres que le pieux jeune homme se croyait obligé de marquer à Dieu sa reconnaissance pour la bonne éducation que sa providence l'avait mis à la portée de recevoir lui-même, en le faisant naître de parents aisés et vertueux.

Sousi ne bornait pas à l'instruction seule sa charité pour les pauvres, il leur faisait tout le bien qui dépendait de lui ; il leur donnait avec joie l'argent dont il pouvait disposer. Il ne se serait pas permis la moindre dépense de fantaisie, qu'il aurait regardé comme une espèce de larcin fait aux membres souffrants de Jésus-Christ. Si ses amis lui proposaient d'acheter quelques bagatelles, ou de se procurer quelques-uns de ces amusements qui ont coutume de faire le plus de plaisirs aux jeunes gens : « Rien ne me manque, disait-il et mon superflu est le nécessaire des pauvres. » Il le leur distribuait sans aucune réserve. Il le faisait cependant avec discrétion. Ses aumônes ordinaires aux pauvres mendiants, qui sont rarement les pauvres les plus à plaindre, n'étaient que d'un sou, à moins qu'ils ne lui parussent n'être pas mendiants de profession. Lorsqu'on lui faisait connaître des pauvres qui étaient dans un vrai besoin, il leur donnait jusqu'à six francs, et quelquefois même davantage. « Je me rappelle, dit son ami Xili, qu'un jour que je me promenais avec lui, une femme très-pauvrement vêtue l'aborda, et lui exposa sa misère, qu'elle assurait être extrême, et elle n'avait pas l'air d'en imposer. Elle devait, disait-elle, six écus de loyer de sa chambre, qu'on lui demandait avec instance, et qu'elle ne savait où trouver. Il la consola en lui donnant avec joie les six écus dont elle avait besoin. »

Tant que Sousi avait de l'argent, il faisait l'aumône à tous les pauvres ; mais ses ressources ordinaires une fois épuisées, il ne cherchait pas à s'en procurer de nouvelles, comme il aurait pu faire en s'adressant à son père, qui ne lui refusait rien. Cet empressement d'un côté à soulager les pauvres, et, de l'autre, cette indifférence à augmenter les fonds de ses aumônes, étaient, dans sa conduite, une espèce d'énigme, dont un petit nombre de ses amis avait la clef : c'est que Sousi, en même temps qu'il aimait les pauvres, chérissait encore la pauvreté, qu'il était bien aise de pratiquer autant qu'il le pouvait, après avoir exercé la charité. Ainsi, lorsqu'après avoir distribué tout l'argent de ses menus plaisirs, un pauvre lui demandait l'aumône, il se consolait de l'impuissance où il était de la lui donner, par la pensée que cette situation lui donnait quelque ressemblance avec Jesus-Christ l'ami des pauvres et pauvre lui-même. La plupart des lettres qu'il écrivait à ses ami annoncent qu'il portait jusqu'à la perfection le détachement des richesses pour lesquelles il enviait le bonheur de l'abbé de Flamanville, dont la résolution où il était de se dévouer aux missions étrangères, c'était, lui disait-il, « parce qu'il pourrait facilement pratiquer la pauvreté de Jésus-Christ, et que souvent même il serait dans la necessité de le faire. »

Le soin qu'il avait d'étudier la doctrine comme la conduite de ce divin modèle lui avait inspiré plus que du mépris pour les richesses ; il les redoutait comme un des plus grands obstacles au salut ; et, lorsque son père fut fait contrôleur général des finances, rien ne l'aurait consolé de cet accroissement de fortune et de crédit dans sa famille, s'il n'eût vu l'usage qu'en faisait ce vertueux ministre pour le soulagement de la classe la plus malheureuse du peuple.

Quoique né dans l'aisance et environné de la grandeur, Sousi n'avait jamais pu s'accoutumer à voir d'un œil tranquille le faste des grands et le luxe des riches, qu'il regardait, avec raison, comme une véritable insulte faite à une portion de l'humanité, et à Jésus-Christ lui-même. C'était une peine pour lui de se voir traîné en carrosse. Pour se dispenser d'y monter, il disait que l'exercice lui était bon pour sa santé, et qu'il se trouvait très-bien d'ailleurs à pied. « Vingt fois, dit Flamanville, il m'a fait l'aveu qu'il n'avait pas de plus grand plaisir que quand il pouvait venir à pied au séminaire. Quelle honte, me disait-il, que des chrétiens couvrent ainsi des bêtes de harnais précieux, au lieu d'habiller leurs semblables qu'ils voient tout nus ! » Le luxe et la magnificence qu'il voyait régner dans la capitale étaient pour lui des sujets continuels de réflexions sur l'abus des richesses et le danger de les posséder. Un jour que, se promenant avec Xili, il voyait passer une personne très-richement vêtue : « N'est-il pas vrai, mon ami, lui dit-il, qu'avec ce qu'on aurait pu retrancher du prix de cet habit, on aurait rassasié bien des pauvres qui, dans le moment présent, meurent de faim dans les greniers de Paris?... Ces malheureux, au jugement de Dieu, élèveront une voix bien terrible contre tous ces riches, dont le luxe insensé dévore leur substance. »

Ce n'était pas encore assez pour Sousi d'employer tous ces petits moyens aux soulagements des malheureux, et tous ces soins à leur instruction ; comme il savait par la foi, que Jésus-Christ réside en la personne des pauvres, et tient pour fait à lui-même tout ce que la charité fait pour eux, il n'était pas de service qu'il ne fût disposé à leur rendre, et qu'il ne leur rendît avec joie lorsqu'il en trouvait l'occasion. On l'a vu à Joui, pendant ses vacances, touché de compassion pour les pauvres enfants abandonnés, et qui portaient sur leurs têtes les marques visibles de leur misère, les attirer auprès de lui, et panser tous les jours de ses mains leurs plaies les plus dégoûtantes. « Cette œuvres de miséricorde, dit l'abbé de Flamanville, me rebutait d'abord et révoltait la nature en moi. Je ne me croyais d'ailleurs nullement obligé de la pratiquer:

mais enfin sa charité constante me reprocha ma lâcheté et triompha de mes répugnances, au point que j'en vins à faire comme lui. »

Toutes les fois que Sousi donnait une aumône aux pauvres ou qu'il leur rendait quelque autre service, il leur parlait avec une extrême bonté, et leur suggérait en peu de mots, les moyens de tirer avantage, pour leur salut, de la condition où la providence les avait placés. Un trait qui caractérise bien la perfection de sa charité, c'est ce que rapporte l'abbé de Flamanville : « Plein de défiance de ses propres lumières et craignant de se tromper jusque dans l'exercice des plus pures vertus, il eut souhaité pouvoir soumettre toutes ses actions à la prudence de son directeur. Il se confessait ordinairement le samedi soir en allant à l'hôtel d'Esfiat. Je lui dis qu'il devrait prendre ce temps, faute d'autre, pour conférer avec son confesseur sur les points qui pouvaient lui donner quelque embarras. « Oh ! mon ami, me répondit-il, c'est ce dont je me garderai bien, car, tous les samedis, une multitude de bonnes femmes de la place Maubert environnent le confessional de M. Polot. Elles ont quitté leurs boutiques pour se rendre à l'église, et ne peuvent y rester long-temps sans perdre l'occasion de vendre leurs denrées. Si j'avais de trop longs entretiens avec mon confesseur, elles pourraient s'en retourner sans se confesser, et je dois préférer le salut de ces gens à ma consolation. »

XIV

Un jeune homme qui portait ainsi partout l'attention à faire du bien et le désir d'édifier avait. sans
doute, bien moins à craindre que la plupart des jeunes gens de son âge des écueils qui se rencontrent dans
le monde ; Sousi néanmoins, toujours en garde contre sa propre faiblesse, ne craignait rien tant que de
donner entrée dans son cœur à l'amour des choses
de la terre ; « Je vous prie, écrivait-il à un de ses
condisciples de m'accorder le secours de vos prières,
dont j'ai besoin pour parvenir à un entier détachement du monde. » Il prenait des précautions infinies
pour ne se laisser ni séduire par les exemples des
mondains, ni ébranler par leurs maximes. Dans les
visites indispensables qu'il faisait, il aimait à être
accompagné de son frère Maurice, dont le caractère
léger et ennemi de toute contrainte ne s'accommo-
dait pas d'une longue séance au même endroit, et,

comme il était charmé d'avoir quelque bien à dire de tout le monde, il disait de son frère qu'il avait le goût bien louable de ne pouvoir supporter de longs entretiens avec les gens du monde. Il se déchargeait ordinairement sur lui du soin de fournir à la conversation, et, après les compliments de civilité faits à la compagnie, il ne parlait plus que quand on l'interrogeait. Il couvrait cette sage retenue du prétexte plausible qu'il convenait qu'il laissât parler son aîné. Cependant le monde dissipé disait qu'il pensait trop avant de parler, et trouvait fort aimable son frère Maurice, qui souvent parlait sans avoir pensé. Le silence que Sousi gardait dans ces occasions n'était pas oisif, et son ami Flamanville, qui s'en doutait bien, lui demanda un jour de quoi il s'occupait lorsqu'il se trouvait dans les grandes sociétés et obligé d'y rester quelque temps. « Pour ne pas m'y ennuyer, répondit-il, je m'entretiens avec le saint roi d'Israël. » Les Psaumes de David, qu'il savait par cœur, lui fournissaient, suivant les circonstances, la matière de ses réflexions. Etait-il obligé de voir les pompes et les folies du siècle, il disait dans son cœur : *Averte oculos ne videant vanitatem*. Entendait-il des discours peu chrétiens, il disait : *Narraverunt mihi fabulationes, sed non ut lex tua, Domine*, se servant ainsi, en toute rencontre, des armes de la foi pour émousser les traits ennemis.

Quelque peu d'attention que donnât Sousi à la scène du monde, il était impossible qu'il n'en découvrît pas confusément le désordre; mais sa piété lui

faisait trouver matière d'édification dans ce qui était
sujet de scandale pour les autres. « Le seul avantage,
écrivait-il à Xili, qu'on puisse retirer du commerce
du monde, c'est de considérer ses erreurs, et de penser combien il est difficile de s'y sauver. En effet, on
n'y voit presque que des gens remplis de défauts et
de vices, attachés aux biens de la terre, indifférents
pour le salut, et qui vivent comme s'il n'y avait ni
ciel à gagner, ni enfer à éviter... Oui, je vous assure que les gens du monde empirent tous les jours.
Leurs sentiments et leurs discours annonceraient
moins des chrétiens que des hommes qui se croient
uniquement nés pour la terre. »

Il est un théâtre du monde plus brillant que tous
les autres, et où il offre à ses amateurs des charmes
plus piquants, c'est la cour ; et si quelqu'un peut y
paraître avec agrément, c'est sans doute le fils d'un
ministre respecté : Cependant Sousi n'aimait pas à
s'y trouver. Ce qui comblerait les vœux de tout
autre jeune homme, un voyage à la suite du roi, ne
lui faisait pas plaisir ; la perspective de pouvoir être,
à son arrivée, de tous les divertissements de la cour
n'était pas capable de l'éblouir. Je vois, au contraire,
le sage et vertueux jeune homme craindre infiniment de faire un voyage à Fontainebleau, se déplaire
ensuite et se croire comme exilé au milieu de tout
ce qui peut affecter le plus agréablement les sens.
Voici comment sur le point de faire un de ces voyages, il en parlait à son ami Flamanville : « Je vous
écris, mon cher ami, bien attristé de la nouvelle que

5.

j'ai apprise hier au soir, que nous partions demain pour Fontainebleau. Vous savez peut-être combien ce pays est dangereux, combien il est scandaleux, surtout pour une personne comme moi, que la moindre chose jette dans la dissipation. Encore, si je vous avais pour compagnon, je me mettrais à couvert à l'ombre de vos ailes ! Que nous serions heureux si nous pouvions passer à Joui le reste de nos vacances ! nous ne trouverions point de dangers dans cette belle solitude. Priez donc bien pour moi, mon cher ami, vos prières m'attireront la bénédiction du Seigneur, dont j'ai le plus grand besoin, pour que ce voyage ne me soit pas plus nuisible que profitable ; de mon côté je tâcherai d'employer la vigilance chrétienne ; car c'est dans ces occasions que nous devons être bien attentifs sur nous-mêmes, et fidèles à implorer le secours du ciel, sachant que c'est ce moment où le tentateur fait plus d'efforts pour nous perdre, et en demande plus instamment à Dieu la permission : *Expetivit Satanas ut cribraret vos sicut triticum.* »

De retour de Fontainebleau, il récrivit à son ami : « Je vous ai mandé que nous devions faire ce malheureux voyage, malheureux assurément, puisque je devais y être témoin d'une si grande impiété de la part de tous les gens de ce pays-là. Mon frère Maurice ayant montré quelque envie d'aller à la messe du roi, mon père nous y envoya. Je n'ai jamais été plus surpris que de voir ce qui se passait. Imaginez-vous une église remplie de monde, mais où personne ne regarde ni le prêtre ni l'autel, où chacun cause comme dans une chambre, où tous les regards sont pour le roi, et l'oubli le plus insultant pour Dieu. Mais en voilà assez sur ce scandale qui fait horreur. »

A peu près dans le même temps, Sousi faisait encore à son ami Xili le récit du même voyage en ces termes :

« Nous avons fait, depuis peu, le voyage dont je vous parlais dans ma dernière lettre. Dieu merci pour moi, il a été bien court, car nous n'avons demeuré que vingt-quatre heures à Fontainebleau. Il n'est pas nécessaire d'y demeurer plus long-temps pour connaître combien peu il y a de piété, et il en est de même partout où est la cour. C'est une oisiveté perpétuelle ; toute la vie se passe à se divertir, à dormir et à jouer. On n'y entend la messe avec moins de dévotion que l'opéra, et le roi y est plus adoré que Dieu, voilà le pays. Ce portrait vous paraîtra chargé, car il est difficile d'imaginer comment des hommes faits pour se sauver, en imitant un Dieu qui a amené une vie si pauvre, si pénitente, si mortifiée, peuvent vivre ainsi ; cela n'est cependant que trop vrai, mon cher ami : on vit à la cour comme s'il n'y avait point de salut à faire, point de mort à subir, point de Dieu. Aussi tout ce que peuvent faire les bons chrétiens, lorsqu'ils sont obligés de s'y trouver, c'est de considérer la bonté et la patience de Dieu, qui ne fait point éclater sa colère sur tant de gens qui le déshonorent tous les jours, et qui sont si rebelles à sa loi. »

XV

Parfait modèle de ferveur dans ses devoirs envers Dieu, et de sagesse chrétienne dans ses relations avec le monde, Sousi n'oubliait rien de ce qu'il se devait à lui-même, également fidèle à remplir les devoirs de son état, et attentif à orner son âme des vertus de son âge. Doué d'un bon esprit, il sentait vivement l'obligation d'en diriger toutes les facultés du Créateur, et tout ce que sa raison lui découvrait de l'importance du service de Dieu, sa foi lui donnait le courage de l'accomplir.

Ce que nous avons déjà cité, et ce que nous citerons encore des lettres du vertueux jeune homme,
confirme assez le jugement de M. Boivin, qui lui
donne *un esprit très-cultivé*. Il avait aussi une mémoire des plus heureuses. Elle lui facilitait beaucoup
l'étude des sciences ; mais il aimait surtout à en faire
usage pour se former à la science de la religion. Il
savait par cœur les passages les plus remarquables
du Nouveau-Testament, et presque tous les Psaumes. Il parlait avec netteté et facilité sur les divers
sujets sur lesquels on exerce l'esprit des jeunes gens.
Il plaisait dans la conversation, et on aimait à l'entendre, moins encore peut-être parce qu'il disait
bien que parce qu'on était assuré qu'il disait vrai, et
que le mensonge ne souillait jamais ses lèvres. On
remarqua qu'il parlait sobrement, soit qu'il cherchât
à s'instruire par ce que disaient les autres, ou qu'il
craignît de tomber dans des fautes inévitables à ceux
qui parlent beaucoup. Il ne se livrait dans la conversation, et ne parlait avec vivacité que lorsque, seul
auprès d'un ami fidèle ou d'un condisciple qui lui
devait son changement de vie, il les entretenait du
bonheur de l'âme vertueuse et des doux charmes
qu'elle goûte en Dieu.

Malgré sa grande facilité pour le travail, il s'y appliquait avec une constance infatigable. Il mettait de
la suite à tout ce qu'il entreprenait, il ne laissait
point une question qu'il ne l'eût approfondie, ni une
pièce d'esprit qu'il ne lui eût donné le degré de
perfection qui dépendait de lui. Quoiqu'il n'eût à

répondre de l'emploi de son temps qu'à son gouverneur, depuis longtemps son ami, il se serait reproché d'en avoir dérobé une minute à l'étude. Voyant l'ordre de Dieu dans l'ordre prescrit pour ses différents exercices, rien n'était capable de les lui faire perdre de vue, et, dès que l'heure de s'y livrer était venue, s'il était en compagnie, il se retirait à l'instant; auprès de ses amis, il les quittait; occupé de quelques amusements, il les laissait. « Les seules occasions, dit l'abbé de Flamanville, où nous le vissions marquer un vif empressement, c'était lorsque l'heure de se retirer pour l'étude approchait. »

Le succès accompagne toujours les talents ainsi apliqués. Sousi fit des progrès si rapides dans l'étude des belles-lettres qu'à l'âge de quinze ans il avait fini sa rhétorique. Claude Le Peletier, son père, juge le plus compétent qu'il pût y avoir en cette matière, ne douta pas que son fils ne pût dèslors entrer avec fruit dans la carrière des hautes études, et le succès justifia son attente. Sousi parut avec distinction en philosophie. C'était alors dans cette classe seulement que les jeunes gens de grande espérance commençaient à se faire connaître dans l'Université, qui n'avait pas encore établi ces prix généraux qui fixent aujourd'hui l'attention publique sur les talents précoces de ses élèves. Sousi, pendant son année de physique, à la fin de laquelle il mourut, avait été choisi par son professeur comme le sujet de sa classe le plus capable de lui faire honneur, en soutenant à la fin de son cours une thèse générale sur la philosophie.

L'étude de cette science, qui trop souvent dessèche le cœur en appliquant l'esprit, semblait être pour Sousi un nouvel aliment de sa piété. En considérant, d'un côté, ces recherches infructueuses de la vérité, ces disputes interminables de l'école, ces doutes et ces fluctuations éternelles des maîtres et des disciples sur certains objets de leurs études ; et, de l'autre, ces principes lumineux de la philosophie, sa marche certaine et ses heureuses découvertes, notre jeune philosophe concluait de ce contraste étonnant que le vrai sage est celui qui soumet humblement ses faibles lumières à la vérité éternelle pour ce qu'elle dérobe à sa curiosité, et qui lui offre le tribut de sa reconnaissance pour ce qu'elle daigne lui découvrir.

Ainsi Sousi, en s'instruisant dans la science qui fait les savants, ne perdait pas de vue celle qui fait les saints ; et, tandis qu'attentif aux leçons de son professeur, il s'appliquait avec lui à surprendre les secrets de la nature, ou à contempler ses merveilles, il faisait une étude secrète des merveilles bien plus admirables de la grâce, sachant que, si Dieu permet à l'homme de s'élever par l'esprit jusqu'aux astres pour en deviner le cours, il prescrit comme un devoir au chrétien de descendre dans son cœur par la foi, pour en étudier et en régler les mouvements.

Dans de si heureuses dispositions, les progrès qu'il faisait dans la vertu étaient frappants, ils étonnaient ses condisciples ; mais ses amis particuliers n'en

étaient qu'édifiés, sachant sous quel maître il étudiait la perfection chrétienne. « Mon ami, disait-il
un jour à l'abbé de Flamanville, nous avons pour
toutes les circonstances de la vie un modèle infail-
lible à consulter. Nous faut-il travailler ou prier, pratiquer l'obéissance ou quelque autre vertu pénible ,
rappelons-nous comment notre divin Sauveur remplissait ces devoirs, qu'il s'était imposés pour notre
instruction, en se faisant homme pour notre salut. Si
nous mangeons, si nous buvons, en travaillant et en
nous reposant, considérons Jésus-Christ au milieu du
monde ; ou seul dans notre chambre, dans nos délassements et nos moments de joie, comme dans les
peines et les tentations, en un mot, dans toutes les
situations où nous pouvons nous trouver, deman-
dons-nous à nous-mêmes comment se serait comporté
notre bon maître, et comportons-nous de même. Il
ne s'est fait notre modèle qu'afin que nous soyons
ses images. » Il n'est personne qui ne sente que
toutes les vertus chrétiennes doivent venir se placer
comme d'elles-mêmes dans le cœur d'un jeune homme, à côté de si beaux sentiments.

XVI

C'est à l'école du divin modèle, que Sousi étudiait ainsi en toutes choses, qu'il avait appris la douceur et l'humilité. Ces vertus, si précieuses dans tous les âges, faisaient l'ornement de sa jeunesse, donnaient un nouveau lustre à ses talents, et lui gagnaient tous les cœurs. On ne le vit jamais contester avec un condisciple, lui parler avec aigreur, se permettre un seul mot ni le moindre geste offensant. Si quelquefois il était provoqué par la pétulance et la vivacité des autres, il désarmait l'injustice et la bizarrerie de leur humeur par la douceur de ses réponses. Il les forçait au repentir par le contraste des procédés honnêtes qu'il ne cessait d'opposer à l'impolitesse et à la grossièreté de leurs manières. Il aimait à publier les bonnes qualités et les vertus des autres, mais il ne parlait à personne des torts qu'ils pouvaient s'être donnés

auprès de lui. Jamais on ne l'entendit former une
seule plainte contre son frère Maurice, qui lui en
donnait de si fréquents sujets.

Sa modestie égalait sa douceur. Quoique ses conversations, toujours édifiantes, fussent comme autant
de leçons de sagesse pour ceux qui y avaient part, il
était bien éloigné d'y mettre la moindre prétention,
et de croire qu'il pût être le guide ou le modèle des
autres. S'il parlait d'une vertu ou d'un défaut, c'était
en donnant à entendre qu'il avait grand besoin d'ac-
quérir l'une et de se corriger de l'autre. Les avis
qu'il se donnait à lui-même, il laissait aux autres le
soin de les prendre pour eux, et il réformait ainsi
d'autant plus de défauts et d'abus qu'il affectait moins
le ton réformateur. Tout occupé à mériter les louanges, il ne savait pas les recevoir, et ne croyait jamais
qu'il lui en fût dû ; aussi était-ce lui faire une vraie
peine que de lui en donner. Il attribuait à un excès
de charité les compliments et les propos flatteurs que
lui attirait quelquefois la sagesse de sa conduite.
Tantôt il les détournait adroitement, et d'autres fois
il les écartait avec autant d'empressement que d'autres en ont pour repousser une injure. Un jour que
son frère Maurice, sans faire attention qu'il pouvait
être entendu de lui, racontait à l'abbé de Flamanville quelque trait de vertu dont il avait été édifié,
Sousi s'avança à pas précipités pour mettre fin à
leur entretien. « C'est peut-être la seule fois de ma
vie, dit l'abbé de Flamanville, que je l'aie vu
courir. »

L'humilité de Sousi était sincère et sans réserve.
On la remarquait également dans ses discours, dans
son extérieur et dans sa conduite. On peut se rappeler avec quelle exactitude il pratiquait l'obéissance,
le fondement de toute vertu dans un jeune homme
Les talents qui le distinguaient parmi ses condisciples, loin de lui inspirer de la vanité, étaient pour lui
le motif d'une crainte salutaire. « Ce sont, disait-il,
les bienfaits gratuits de Dieu dont nous aurons à lui
rendre compte. » Toutes les lettres qu'il écrivait à
ses amis sont remplies d'expressions qui ne peuvent
partir que d'un cœur vraiment humble et qui ne
trouve sa sûreté que dans la défiance de lui-même.
Tantôt il s'estime heureux que ses amis veuillent
bien l'honorer de quelque confiance, tantôt il regrette
de n'être pas auprès d'eux pour pouvoir profiter de
leurs conseils, et s'édifier par leurs exemples. D'autres fois il les prie de l'avertir librement de ses défauts, qu'il croit être sans nombre, et, plus souvent
encore, il leur demande le secours de leurs prières,
afin de se soutenir au milieu du monde, où tout est
danger pour une vertu aussi faible qu'il prétend
qu'est la sienne.

Rien n'inspirait plus de crainte à Sousi que l'éclat
des honneurs, écueil, en effet, le plus ordinaire de
l'humilité chrétienne. « S'il apprenait, de Xili, que
quelqu'un eût été élevé à de grands honneurs, il jugeait que son sort était bien à plaindre ; et si, au contraire, il entendait dire qu'un homme, après avoir
été grand dans le monde, était tombé dans la dis-

grâce : « Dieu, disait-il, lui a fait une grande miséricorde. » Lorsque son père fut appelé au ministère ,
il en ressentit une véritable affliction, et ce sentiment se fit d'autant plus remarquer en lui qu'il con-
trastait davantage avec la joie de toute sa famille et
les félicitations qui venaient de toutes parts au nouveau contrôleur-général. Quiconque n'aurait pas
connu Sousi aurait été tenté de l'accuser de froideur
envers son père, dans le même temps que son cœur
était comme victime de l'affection pure qu'il lui portait. Quelqu'un, dans cette circonstance, lui ayant
demandé pourquoi, lorsque tout était si riant autour
de lui, lui seul paraissait être dans la tristesse :
« C'est, répondit-il, parce que je ne puis m'empêcher
de craindre que tous ces honneurs-ci n'exposent le
salut de mon père. »

Un jour qu'il s'entretenait sur le même sujet avec
l'abbé de Flamanville : « Il me semble, mon ami, lui
dit-il, que nous perdons en forces ce que nous ga-
gnons en hauteur : je ne me suis jamais senti plus
chancelant que depuis l'élévation de mon père ; » et,
quelque temps après, il écrivit au même : « C'est
avec chagrin et un très-grand chagrin, que je me
suis vu obligé de quitter Joui, notre chère solitude ,
pour me retrouver à Paris au milieu de mes importunités et du danger des honneurs. N'ai-je pas bien
sujet à m'affliger ? Je tremble de peur de perdre ici
dans la dissipation le peu que je possède. Je tâche
bien, autant que je puis, de me soutenir par quelque
bonne lecture, mais mes occupations habituelles ne

m'en laissent pas toujours le loisir comme j'en aurais le besoin. Avant mon départ de Joui, je vous ai offert à la sainte Vierge ainsi que moi, et je souhaite que cette offrande nous soit utile à l'un et à l'autre. Oui, mon cher ami, je vous assure que j'ai besoin d'une surabondance de grâces pour ne pas me laisser éblouir par les honneurs, qui, quoiqu'ils ne s'adressent pas à moi, Dieu merci, ne laissent pourtant pas de me jeter de temps en temps tout leur venin, dont je ne puis me préserver que par le secours des prières que vous voudrez bien offrir au Seigneur pour moi, comme je ne cesse moi-même de lui adresser les miennes pour vous. »

Sousi, dans une autre lettre à son ami Xili, lui exprime à peu près les mêmes sentiments : « Je me recommande, lui dit-il, à vos bonnes prières, dont j'ai, en ce moment, plus besoin que jamais. Les honneurs de la terre sont si pernicieux qu'il faut être continuellement sur ses gardes, si l'on ne veut pas s'y laisser prendre. On s'attache insensiblement à ces vanités périssables, comme si elles étaient de vrais biens, et l'on oublie qu'il n'y a de bien véritable que celui qui est éternel. »

C'était, comme nous l'avons déjà dit, une des grandes peines de Sousi d'être obligé, pour obéir à ses parents ou pour leur complaire, de porter à certains jours de beaux habits, et d'avoir ses cheveux arrangés et poudrés comme les jeunes gens de son âge : « Il me témoigna cette peine, dit l'abbé de Flamanville, dès que j'eus fait connaissance avec lui. Il aurait désiré d'être vêtu, non pas simplement, mais pauvrement. Une de ses pratiques, pour honorer la pauvreté de Jésus-Christ, était de porter toujours sur lui quelque chose de vieux : quelquefois c'était du linge, lorsqu'il pouvait le faire, mais plus ordinairement des livres, comme ses Heures et son Imitation. J'avais fait relier proprement un Nouveau-Testament pour lui, il ne voulut jamais l'accepter, aimant mieux le sien, uniquement parce qu'il avait l'air pauvre. Une autre fois que je voulus lui donner une vie de M. de Renty, que j'avais double, je ne pus jamais non plus l'engager à prendre la plus neuve. C'est ainsi qu'il en usait en toute occasion. Il était charmé que son frère Maurice aimât à choisir, et ne lui laissât que ce qui valait le moins. Comme il était maître du choix de la couleur pour ses habits, il la prenait brune; mais l'étoffe achetée, madame la présidente d'Argouges, sa sœur, se chargeait d'y faire mettre les ornements. Un jour qu'il m'était venu voir avec un habit neuf, parements or et noir, je lui dis, en badinant, que pour le coup c'était un monsieur d'importance : « Oh ! mon ami, me répondit-il avec cette aimable et douce gaîté qui lui était naturelle, je vois bien que cette vanité vous fâche, et vous avez raison ; mais qu'y faire ? Madame d'Argouges, qui prétend que je suis trop sérieux, s'est mise en tête que cette gentillesse me réjouirait ; et, en vérité, il n'y a pas de quoi : l'âne à la belle housse n'en est pas moins un âne. »

Nous ne voyons que trop souvent qu'un grand nom

devient un sujet de folle vanité pour le jeune homme
qui sait le moins en soutenir la gloire : le modeste
Sousi eût voulu que tout le monde ignorât qu'il portait un des noms les plus respectés dans le royaume.
Tout le mérite de son père et de ses ancêtres n'était
pas plus son mérite à ses yeux que les beaux habits
qu'on l'obligeait de porter n'étaient à sa personne ;
aussi, bien loin de chercher à se produire à la faveur
de la considération héréditaire, il n'aimait rien tant
que de se voir inconnu. Sa vertu même allait au
point que c'était une vraie jouissance pour lui d'être
non-seulement confondu, mais rebuté dans la foule.
Il avait quelquefois éprouvé que son nom lui attirait
des attentions et des égards qui fatiguaient sa modestie, il voulut s'en affranchir; et pour cela , il
résolut de ne jamais se nommer aux personnes auxquelles il serait inconnu, dût-il lui en coûter des
humiliations et des désagréments. Il attachait tant
d'importance à cette résolution qu'il aima mieux se
priver un jour d'une communion que d'y manquer
et de se faire connaître. Voici à quelle occasion : dans
le dessein de se rendre à Saint-Sulpice, où l'on célé-
brait une fête particulière, il passa par le séminaire
de Saint-Nicolas, pour demander la permission de
communier; n'ayant pas trouvé son confesseur, il
alla à l'église, et s'adressa successivement à trois ecclésiastiques qui, sur ce qu'il leur avoua qu'il n'était
pas de la paroisse, refusèrent d'entendre sa confession, et lui conseillèrent d'aller demander un confesseur à son curé. Le dernier, surtout, lui parla très-

ouvertement, et lui dit que les bons chrétiens
s'adressaient aux prêtres de leurs paroisses, et ne
couraient pas ainsi pour trouver des confesseurs auxquels ils fussent inconnus. Sousi, sans être tenté de
se faire connaître, reçut humblement cette répri-
mande ; et, bien loin qu'elle l'indisposât contre celui
qui la lui faisait, il en conçut beaucoup d'estime pour
lui. La première fois qu'il vit l'abbé de Flamanville :
« Je ne suis pas surpris, lui dit-il, que Dieu répande
tant de bénédictions sur la paroisse de Saint-Nicolas-
du-Chardonnet, tous les prêtres y sont d'une merveilleuse exactitude : ils confessent assidûment leurs
paroissiens, et ils donnent de bonnes leçons aux cou-
reurs : cela est fort édifiant. Je devais recevoir l'hu-
miliation que j'ai reçue, et je l'ai offerte à Dieu, au
lieu de la comnunion que je n'ai pu faire. « Peu de
jours après cette aventure, continue l'abbé de Flamanville, le prêtre qui avait ainsi accueilli M. de
Sousi, et qui se trouvait être de ma connaissance,
me rencontra avec lui, le reconnut, et me demanda
bonnement si je connaissais ce jeune homme. C'est,
lui répondis-je, le fils de M. le contrôleur-général,
qui m'honore quelquefois de sa visite au séminaire,
et je lui dis ce que je pensais de lui. Comme M. de
Sousi était passé quelques pas en avant, cet ecclésiastique voulait retourner pour lui faire ses excuses,
mais je lui dis que je me chargeais de sa commission,
et qu'il pouvait être bien tranquille sur les sentiments de M. Scusi à son égard. »

XVII

Un si grand fonds d'humilité est tout à la fois le soutien comme l'indice d'une rare vertu, et l'on peut compter que celle même d'un jeune homme sera solide, dès qu'on la voit humble et circonspecte. C'était le caractère particulier de Sousi. Attentif surtout à éviter jusqu'aux moindres occasions qui eussent pu porter atteinte à l'innocence de ses mœurs, au milieu du monde et des scandales dont il était souvent témoin, il offrit dans tous les temps à ses condisciples le modèle de la plus parfaite retenue, et, par une suite naturelle, celui d'une chasteté angélique. C'était particulièrement à l'égard de cette vertu qu'il portait la crainte d'offenser Dieu jusqu'à cette frayeur

6

salutaire dont l'Apôtre fait un précepte aux chrétiens; c'était en vue de conserver son âme dans toute sa pureté qu'il oubliait la beauté de sa figure, qu'il préférait aux autres les habits les plus modestes, qu'il méprisait tous les vains ajustements de la parure; c'est par le même motif qu'il n'ouvrait jamais un livre qui lui fût suspect, qu'il ne fut jamais tenté de mettre le pied dans une salle de spectacle, « étonné, comme il le disait souvent, qu'il pût se trouver un seul chrétien dans un lieu qui retentit habituellement des outrages faits à la vertu. » C'était encore par la crainte qu'il avait de blesser la chasteté qu'il veillait sur tous ses sens, qu'il ne pouvait entendre sans douleur un propos libre ou équivoque, qu'il avait horreur des accents passionnés de la volupté, qu'il réprimait surtout la curiosité de sa vue, et que ses yeux fuyaient avec un égal soin la rencontre d'un tableau immodeste et celle de tout autre objet capable d'alarmer la pudeur.

Plusieurs traits rapportés dans les mémoires de l'abbé de Flamanville prouvent que la délicatesse de Sousi en cette matière allait jusqu'au scrupule, disposition toujours louable lorsqu'il s'agit de conserver une vertu si précieuse, qu'un souffle peut ternir, et dont la perte anéantit toutes les vertus de la jeunesse. Une tante religieuse et deux sœurs mariées dans Paris étaient les seules femmes auxquelles Sousi fît des visites. Si, dans les sociétés qu'il était obligé de fréquenter, il se rencontrait des dames, après leur avoir fait le salut que la politesse exige, il laissait à d'autres le soin de converser avec elles, craignant moins le reproche d'être trop réservé que le danger de ne l'être pas assez. Dans deux occasions seulement nous le voyons parler à des femmes inconnues; ce sont deux pauvres femmes, c'est au milieu de la rue qu'il leur parle : à l'une, pour lui donner dix-huit francs qu'elle doit; à l'autre, pour lui dire qu'il se charge de payer le maître d'école qui apprendra le catéchisme à ses enfants. Dans sa maison même, Sousi ne voulait recevoir aucun service d'aucune femme, ni qu'elles entrassent jamais dans sa chambre. Pendant la maladie dont il mourut, et lorsqu'il avait un continuel besoin de secours étrangers, il ne voulait pas les recevoir de la main des femmes. Son fidèle valet *Content* faisait le service immédiat de sa chambre; et lorsque ce domestique ne put plus y suffire seul, le malade demanda qu'on fît venir un frère de la Charité pour le seconder.

Quand on examine de près la conduite de Sousi, on voit que tous ses soins et sa vigilance ont pour but spécial d'écarter tout ce qui pourrait porter la moindre atteinte à sa chasteté, et il semblerait que le nombreux cortége de ses autres vertus n'est destiné qu'à protéger celle-là. Mais, entre les moyens qu'il employait pour échapper aux divers écueils que la dépravation des mœurs offre à l'innocence, il en est peu, après le fréquent usage des sacrements, auxquels il paraisse s'être attaché avec plus de confiance qu'à la fuite des occasions et à la pratique de la mortification chrétienne. Le séjour dans le grand monde lui était insupportable, et c'était sur le théâtre le plus riant, aux yeux des jeunes gens dissipés, qu'il craignait le plus lui-même de se trouver. Sa vertu ne respirait qu'en tremblant au milieu d'un air contagieux, et son cœur ne pouvait goûter un instant de joie pure où il voyait que Dieu était oublié et si souvent offensé : aussi ne désirait-il rien tant, lorsqu'il n'était pas au collége, que de quitter Paris pour aller à l'abbaye de Joui. Il faisait toujours ce voyage avec un nouveau plaisir, quoique jamais pour son plaisir, à moins qu'on ne veuille appeler ainsi son contentement dans le travail, et les exercices de la vie chrétienne dont il s'occupait alors uniquement. Le temps qu'il n'employait pas à étudier dans sa chambre ou à prier à l'église, il le passait dans une forêt qui avoisine l'abbaye. C'est là que, s'enfonçant dans les allées solitaires, libre d'exprimer à Dieu les tendres affections de son cœur, il goûtait le doux plaisir de converser seul avec lui seul. Tantôt il exerçait sa mémoire en apprenant un psaume, tantôt il faisait une lecture ou bien il récitait une prière. S'il était avec son ami Flamanville, il parlait de Dieu; seul, il parlait à Dieu, ou il écoutait dans le silence ce que Dieu disait au fond de son cœur. Tous les objets qui s'offraient à ses regards, dans cette agréable solitude, fournissaient à sa piété la matière d'un sacrifice continuel de louanges. Au-dessus de lui, le soleil dans sa course majestueuse, lui peignait le Créateur, qui embrasse tous les êtres et les temps dans son immensité; à ses pieds, la plus petite fleur, le moindre in-

secte annonçait sa puissance féconde, qui semble se
jouer en produisant des merveilles. L'ombrage qui le
couvrait lui retraçait cette bonté plus que paternelle,
toujours prête à protéger l'homme, son ouvrage,
dans les dangers qui l'environnent. Le chant des
oiseaux lui rappelait cette providence attentive qui
pourvoit à tous les besoins du genre humain, comme
à la nourriture de ces petits êtres sans prévoyance.
Si le vent agitait les feuilles et les arbres de la forêt,
il se figurait le malheur de ces âmes frivoles et légères, jouet de leur inconstance, et sans cesse agitées
par le souffle orageux des passions. Dans le calme
des éléments et le silence des créatures autour de lui,
il entendait comme une voix douce, mais éloquente,
au fond de son cœur, qui lui commandait le respect
et l'invitait à adorer celui devant qui l'univers entier
est comme s'il n'était pas. Telle était l'occupation de
Sousi dans cette solitude; il y faisait tout servir à son
édification; et c'est ainsi qu'un jeune homme, touché de Dieu, sait trouver Dieu partout et lui parler
à toute heure.

Les lettres qu'écrivait Sousi pendant ses vacances,
et qui n'étaient pas datées de Joui, exprimaient les
regrets qu'il avait d'avoir quitté un endroit où il trouvait tant de facilité à satisfaire sa piété. « Depuis que
je suis de retour à Paris, écrivait-il à son ami Xili,
je n'ai pas pu trouver un moment pour m'entretenir
avec vous. Nous avons été accablés de visites; ce qui
me fait bien regretter la solitude de Joui. Que j'ai de
peine quand il faut la quitter! qu'il m'en coûte pour

m'accoutumer à Paris, quand je reviens de Joui ! que
ces deux pays sont différents ! que les personnes surtout qui les habitent se ressemblent peu ! on ne ren
contre là que des objets d'édification, et ici on compte
les scandales par les pas que l'on fait. Ce n'est pas,
cependant, qu'il ne soit aisé de s'instruire en appré-
ciant le monde à Paris ; car, si son faux éclat y occupe tant de gens, c'est qu'ils ne le rapprochent point
de l'éternité. Dans ce point de vue, mon cher ami,
on voit, non-seulement que l'éclat du monde n'est
que néant, mais qu'il est encore un néant dangereux
pour le salut. »

Dans une autre lettre au même ami : « Je suis bien
fâché, lui dit Sousi, de voir partir mon frère l'abbé
pour Joui, sans pouvoir l'accompagner. Qu'il est heureux dans cette solitude, tandis que je suis en proie
au tumulte et à la dissipation de Paris ! Joui est un
endroit qui inspire la piété à tous ceux qui l'habitent. Les exemples que je vois à Joui me portent à
bien faire. Quand j'ai quitté Joui, je me sens tout
dissipé, et, si je veux m'exciter un peu à la dévotion,
il faut que je me ressouvienne de Joui. »

Ce n'était pas assez pour Sousi de saisir ainsi toutes
les occasions qui pouvaient le soustraire à la dissipation et l'entretenir dans le recueillement, il tâchait
encore de se ménager tous les ans quelques jours favorables pour vaquer plus spécialement à l'affaire de
son salut dans la retraite. « Je désirerais bien, écrivait-il à l'abbé de Flamanville, pouvoir faire une
retraite ; car, outre le besoin que j'en ai, je ne sais

si, d'ici à l'année prochaine, il se présentera une occasion aussi favorable que celle qui s'offre aujour-
d'hui. Je vous trouve bien heureux, mon cher ami,
d'être au séminaire pendant ce temps de carême ; car,
en vérité, il faut être dans la retraite et l'éloignement
des créatures pour bien méditer les mystères que
l'Eglise va nous proposer. »

Il est certain cependant que s'il y eut jamais un
jeune homme qui pût se passer de ces secours extraordinaires sans que sa piété en souffrît, ce fut le
pieux Sousi, dont tous les jours étaient comme autant
de jours de retraite passés sous les yeux de Dieu et
dans la pensée habituelle des vérités du salut. Je ne
me lasse point de citer ses écrits, parce qu'ils montrent mieux son cœur vertueux que tout ce que nous
pourrions en dire. « Vous me trouvez de grands sentiments, écrivait-il à un ami, et moi je vous assure
qu'ils sont très-petits. Eh ! pourrions-nous jamais en
avoir d'assez grands pour nous bien pénétrer de l'affaire du salut, cette affaire la plus importante de toutes les affaires, et que néanmoins on néglige si souvent, comme si elle était la dernière dont on dût
s'occuper ? Au reste, mon cher ami, ce n'est pas assez
que nous ayons de beaux sentiments sur la vertu ; ils
nous sont inutiles si nous n'en venons à la pratique.
Il y a néanmoins lieu d'espérer, lorsque Dieu nous
inspire de penser à la vertu, qu'il nous donnera la
grâce de la pratiquer ; car, à force de songer aux
choses, on s'y affectionne insensiblement, et on prend
les moyens d'y parvenir. L'exemple que vous me citez

prouve combien notre âme est en danger au milieu du monde, où l'on ne voit qu'imperfections et que vices. »

Dans une autre lettre adressée au même : « Il y a environ quinze jours, dit-il, que M. Joli est parti pour aller accomplir la volonté de Dieu, qui l'appelait depuis longtemps à la vie religieuse. Je vous assure que j'envie bien son bonheur et celui de tous ceux qui se donnent ainsi à Dieu, en renonçant au monde et à ses biens, qu'on estime tant, mais qui sont si méprisables, puisqu'ils finiront. C'est dans la retraite qu'on peut mieux imiter Jésus-Christ et accomplir les promesses qu'on a faites au baptême, de renoncer au monde et de ne vivre que pour Dieu ; qui nous a faits ses enfants. Cependant Dieu est celui à qui ses enfants pensent le moins : ils se mettent fort peu en peine des obligations que leur impose le nom de chrétien. Pourvu qu'ils vivent parmi les honneurs et les plaisirs, ils sont contents et ne se soucient plus d'autre chose. »

XVIII

Cet esprit de recueillement qu'opposait Sousi aux
objets de dissipation que le monde ne cesse d'offrir à
un jeune cœur l'entretenait dans le goût des choses
du ciel, qui pénétrait son âme du plus tendre amour
pour Dieu. Sa fermeté prenait de jour en jour de nouveaux accroissements; il s'avançait de vertus en vertus, et ne mettait point de bornes à sa perfection. Peu
content de ne vivre en tout que pour Dieu, il aimait
encore à souffrir pour lui. Après s'être exercé dans la
mortification intérieure, au point qu'il bénissait le
ciel des peines et des contrariétés qu'il avait à es-

6.

suyer, il s'appliquait à mortifier tous ses sens ; et l'on peut dire qu'il porta jusqu'à un pieux excès la vertu de pénitence. Regardant son corps comme l'ennemi le plus à craindre pour son âme, il ne le traita jamais qu'en ennemi. Bien loin de favoriser en rien son appétit sensuel, il semblait ne lui accorder qu'à regret le nécessaire le plus indispensable. Dans toutes les saisons de l'année, il se levait de grand matin, et à quatre heures et demie pendant le temps de ses vacances. Continuellement et toujours utilement occupé, il travaillait par devoir et ne se délassait que par besoin. Assis à la table de son père (et la table d'un ministre est toujours bien servie), il savait y pratiquer les règles austères de la tempérance et de la sobriété. Ne demandant d'aucun mets, n'en refusant aucun, il mangeait davantage de celui qui flattait le moins son goût ; « et cela paraissait si naturel et si peu affecté, dit l'abbé de Flamanville, que si je n'eusse été dans sa confidence particulière, je ne m'en serais jamais aperçu en mangeant avec lui. Ce n'était pas seulement dans ses repas, c'était dans toutes ses actions qu'il portait cet esprit de mortification, avec le soin de ne pas le faire paraître. Je l'ai remarqué en le suivant jusque dans les plus petites choses, moins, je l'avoue, par l'envie que j'eusse de l'imiter que par curiosité, et pour voir jusqu'où allait sa vertu. »

Ce n'était pas seulement avec patience et résignation, c'était avec une sorte de joie qu'il souffrait les intempéries et les variations les plus incommodes des saisons. On eût dit qu'il était également insensible aux plus grandes chaleurs et aux froids les plus piquants. Lorsqu'il était seul dans son cabinet d'étude, il ne se chauffait jamais, pas même pendant les rigueurs de l'hiver, et, s'il était en compagnie, il savait, sans affectation et en exerçant la politesse envers les autres, se ménager pour lui-même la place la plus éloignée du feu. Toute occasion de souffrir en devenait une pour lui de se réjouir, dans la pensée qu'il se rendrait par là plus conforme au divin modèle des chrétiens. Le temps de l'année qui lui plaisait le plus était celui du carême, plus spécialement consacré à la pénitence. Quoique dispensé par son âge de suivre en tout les lois que l'Eglise prescrit pour lors aux fidèles, il s'y soumettait en partie, et autant qu'on le lui permettait. Son étonnement et sa douleur étaient de voir que les gens du monde profitassent si peu des moyens de salut qui leur étaient offerts dans ces jours de pénitence. Voici en quels termes il en témoignait sa peine à son ami Xili : « Nous voici, mon cher ami, dans un temps de pénitence ; mais, hélas ! paraît-il qu'on songe plus sérieusement à l'affaire de son salut dans Paris ? y voit-on moins de folies ? Jésus-Christ y est-il moins abandonné ? Combien de gens, à l'heure que je vous écris ceci, se disposent à aller à l'opéra et à la comédie, ou à lier quelque partie de plaisir ! Les adorateurs du Saint-Sacrement font-ils foule dans les églises comme les spectateurs au théâtre ? Est-ce donc là faire pénitence, mon ami ! est-ce entrer dans es vues pour lesquelles l'Eglise a institué le carême ? »

Il était rare que Sousi s'entretînt avec ses vertueux amis sans leur parler des avantages de la mortification et leur en proposer quelques pratiques. Il leur recommandait d'abord d'accepter en esprit de pénitence, et avec action de grâces, toutes les peines que la Providence leur offrait, et surtout, ce qu'ils trouvaient de désagréable et de pénible dans leur état actuel et dans la pratique de leurs devoirs.

« Les contradictions que vous éprouvez sont grandes, écrivait-il à l'abbé de Flamanville, mais il est bien consolant d'avoir à souffrir les mêmes choses que notre divin maître. C'est une occasion de mériter que je suis bien persuadé que vous ne négligerez pas. »

« Il sera très-utile pour notre avancement spirituel, disait-il à Xili, de mortifier tous les jours nos sens en quelque chose. Par exemple, nous défendrons à nos yeux de se reposer avec complaisance sur des objets agréables, à nos pieds de faire des visites inutiles, à notre langue de parler mal à propos. »

L'esprit de mortification, dit encore l'abbé de Flamanville, surpassait en lui tout ce qu'on peut imaginer, et je sais qu'il eût voulu que tous ses sens eussent pu parler de Dieu ou souffrir pour son amour.

C'était, en effet, une chose aussi rare qu'elle était édifiante de voir, non dans un séminaire, mais au milieu du monde, un jeune homme de dix-sept ans, de famille distinguée et en crédit, un jeune homme qui avait, par les talents de l'esprit et les grâces du corps, tout ce qu'il faut pour plaire au monde, de le voir, dis-je, pratiquer certaines austérités capables

d'effrayer les hommes dévoués par état à la pénitence.
Je ne parle plus ici des sacrifices de l'obéissance, de
l'application à l'étude, de l'assiduité à la prière, de
la pratique des sacrements, de la sobriété dans ses
repas, de la vigilance sur les sens de son corps comme
sur les mouvements de son cœur : ces différents devoirs de la vie chrétienne, trop rigoureux aux yeux
de tant de jeunes gens, Sousi en regardait la pratique
comme insuffisante pour sanctifier la vie d'un disciple de Jésus crucifié ; et, comptant pour rien tout ce
qu'une foi courageuse et une sainte habitude lui avait
rendu facile, il y ajoutait divers genres d'austérités.
Le temps des vacances, ce temps que les étudiants
ont coutume de passer dans une plus grande dissipation et quelquefois dans un funeste oubli de leurs devoirs, c'était celui qu'il chérissait particulièrement
pour imprimer à son corps le sceau de la mortification de Jésus-Christ ; et souvent la forêt de Joui, témoin de pieuses cruautés qu'il exerçait sur lui-
même, offrit au ciel un spectacle digne de fixer
ses regards. C'est là qu'il se punissait des moindres
fautes involontaires avec plus de rigueur que les jeunes gens n'ont coutume de se punir de leurs crimes.
Voici ce qu'en rapporte l'abbé de Flamanville.

Un jour qu'étant à Joui, je me promenais avec lui
dans une allée appelée l'allée des Provins, il me quitta
pour entrer dans le bois, sans que je susse pourquoi.
Il fit la même chose un autre jour, lorsque nous
étions à peu près dans le même endroit ; ce qui me
fit soupçonner qu'il pouvait y avoir dans ces absen-

ces quelque motif particulier, que je cherchai à pénétrer. Lorsque nous fûmes de retour à l'abbaye, je revins seul sur mes pas ; j'entrai dans le bois et m'enfonçai vers l'endroit où je croyais qu'il pouvait avoir été : je trouvai un houx ; et au pied de cet arbre, des branches ensanglantées. Quand je le vis, je lui parlais de ma découverte : il était plein de candeur, il m'avoua l'austérité qu'il avait exercée ce jour-là, et me dit : « Hélas! mon ami, je suis d'une légèreté incroyable, une mouche me distrait, un rien me fait rire, lors même que je suis sous les yeux de Dieu, et que je devrais être le plus pénétré de sa présence. » C'est qu'il n'avait pu s'empêcher de rire, étant à l'église, d'une chose fort risible, en effet, et qui avait fait rire tous les religieux. Depuis ce temps-là, je fus plus attentif à l'observer, et je m'aperçus que quelquefois, en se promenant, sans faire semblant de rien et comme par amusement, il prenait une feuille de houx, comme un autre aurait pris une fleur, et qu'il la serrait de manière que les piquants lui entraient dans la chair, et lui mettaient la main en sang. D'autres fois il insinuait de ces feuilles dans sa manche et sur sa chair nue. Un jour que je le surpris faisant cette austérité : « Les religieux qui ne portent point de linge, me dit-il, ont un grand avantage et qui leur épargne bien de la vanité; ce qui me fit comprendre qu'il se punissait ainsi de quelque pensée involontaire de complaisance qui avait pu lui venir à l'occasion du beau linge qu'il était obligé de porter. »

Lorsque l'abbé de Flamanville eut ainsi surpris à son ami le secret de ses austérités, Sousi ne lui en faisait plus de mystère; il lui en parlait quelquefois dans ses lettres, à mots couverts et sur le ton de la plaisanterie, comme un autre aurait parlé de ses amusements : ce qui donnerait lieu de conjecturer que l'abbé de Flamanville pouvait bien être aussi de la pratique comme il était du secret. Sousi, dans plusieurs endroit de sa correspondance avec son ami, regrette de n'être pas à Joui, et *à portée de visiter cette allée de Provins* dont nous venons de parler. Je lis encore dans une de ses lettres au même : « En revenant de Fontainebleau, nous demeurâmes deux jours chez madame d'Argougues : j'y ai trouvé quelque chose qui vaudrait mieux encore que le houx, et j'aurais pu arranger assez bien mes affaires dans ce pays, semé de rochers et de cavernes, si j'y étais resté plus longtemps. » La présidente d'Argougues était sa sœur, et ce qu'il avait trouvé dans sa terre, qu'il jugeait préférable au houx pour l'usage qu'il en voulait faire, c'était le genévrier. L'abbé de Flamanville rapporte encore, comme une chose dont il n'a pas été témoin, mais qu'on lui a certifiée, que Sousi, dans le temps qu'il était à l'abbye de Joui, jonchait souvent son lit de feuilles de houx sur lesquelles il se couchait.

Quoiqu'il paraisse que notre saint jeune homme redoublât ses austérités pendant le temps de ses vacances, il ne laissait pas d'en pratiquer et même de très-rudes, dans d'autres temps de l'année. Il le faisait dans le plus grand secret. Mais les murailles de son cabinet, dit l'abbé de Flamanville, ont porté des marques de la sainte cruauté qu'il exerçait sur son corps. Il s'était procuré divers instruments de pénitence dont son confesseur lui défendit l'usage. Son obéissance en ce point fut pour lui un vrai sacrifice : il en faisait un jour la confidence à son ami Flamanville, en lui disant : « J'ai bien sujet de craindre que M. Polot, qui me lie les mains dans ce monde, ne me réserve de grandes souffrances pour l'autre. » C'était aussi une des pratiques de Sousi de s'offrir souvent à Dieu comme victime d'expiation pour ses offenses dont il était témoin, et de faire aussi pénitence, sans le mériter, pour tant de jeunes gens qui la méritent sans la faire.

XIX.

C'est par ces dispositions admirables de zèle et de ferveur qu'il s'efforçait de former en lui l'homme parfait dont parle saint Paul, et qu'il préparait, tous les jours, le compte qu'il devait rendre à Dieu des années de sa jeunesse, et des grâces qui lui avaient été confiées. Pendant son année de physique, la dernière de sa vie, comme s'il eût un secret pressentiment de sa mort prochaine, il semblait, pour ainsi dire, saluer sa couronne de plus près, et redoubler d'ardeur encore pour s'en saisir. Il ne paraissait plus tenir à la terre; tous les désirs de son cœur le portaient vers Dieu, il ne soupirait que pour Dieu, il ne parlait que pour Dieu; et l'on pouvait dire de lui en toute vérité, que sa conversation était dans le ciel. Les lettres qu'il écrivait alors à ses amis paraissaient plus que jamais l'expression d'une âme vivement pénétrée des vérités éternelles et de la nécessité d'assurer son salut : on en jugera par quelques extraits que nous allons en donner.

« Il est certain, mon cher ami, écrivait-il à l'abbé de Flamanville, que l'on doit bien trembler sur le sort de tous ces jeunes gens du monde qui regardent comme une folie ce qu'il faut faire pour se sauver. Il y a bien à craindre pour eux qu'au jugement de Dieu ils soient forcés d'avouer que c'étaient eux qui étaient les insensés, et de proférer contre eux-mêmes ces paroles que nous lisons quelquefois aux épîtres de la messe : *Nos insensati vitam illorum æstimamus insaniam.* Quelle surprise, lorsqu'ils verront entrer dans la gloire éternelle ceux qu'ils regardaient avec tant de mépris ! Quelle confusion, en ce terrible jour, pour ceux qui auront traité de folies les mortifications, les jeûnes et les saintes pratiques de la pénitence ! pour ceux qui auront cru pouvoir allier Jésus-Christ avec le monde, les plaisirs de leurs corps avec le salut de leurs âmes ! Quel éclat de lumière viendra frapper alors ces malheureux ! Mais cette terrible lumière n'éclairera que le désespoir éternel qu'ils ressentiront de s'être laissé séduire par le démon, et d'avoir pris plaisir à se laisser tromper. Ce terme où vont aboutir les pécheurs doit bien, je vous assure, nous faire trembler, nous engager à considérer la mort, à veiller sur nos sens, à nous mortifier. Je vous fais, mon cher ami, le précis des réflexions qui m'occupaient en entendant la messe du roi, au milieu d'un peuple bien scandaleux. »

Mais, parmi les vérités utiles et propres à tenir l'âme éveillée sur ses devoirs, il n'en était point que Sousi méditât plus souvent et plus profondément que la pensée de la mort. Il s'attachait à tout ce qui pouvait lui en rappeler le souvenir. Les morts dont il était témoin, et celles dont il entendait parler, les morts subites et remarquables, surtout, devenaient pour lui une source féconde de réflexions dont il aimait à s'édifier avec ses vertueux amis.

« Je crois, écrivait-il à Xili, que vous savez la mort subite de M. de Bellièvre. Cet exemple doit bien nous apprendre à ne pas nous attacher aux choses de ce monde : Dieu seul mérite toutes nos affections, et la mort nous privera bientôt de tout. Si nous songions bien à ce jour où il nous faudra mourir, paraître devant Dieu, et lui rendre compte de toutes les actions de notre vie, nous tiendrions bien moins à ce monde, nous nous attacherions bien plus étroitement à Jésus-Christ; nous le prendrions pour modèle, nous nous appliquerions à mener une vie pauvre, humble et pénitente; mais on ne songe point à tout cela dans le monde, moins encore, ce me semble, en ce temps-ci où la folie, le luxe et la mollesse règnent plus que jamais. »

Dans une autre circonstance, il marquait au même : « La reine est morte vendredi, sur les deux heures et demie après midi : on a défendu les spec-

tacles, et on prendra le grand deuil à ce sujet; mais
je ne sais si ce changement d'habits changera beaucoup l'intérieur; et l'on ne peut guère l'espérer,
quand on voit les gens du monde affecter de rendre
leurs habits de deuil aussi vains que ceux qu'ils portent en d'autres temps.

» Cependant, mon cher ami, nous n'avons pas de
trop du temps que nous passons sur la terre pour
tâcher de gagner le ciel; et le Dieu que nous servons
mérite bien que nous lui consacrions tous les instants
de notre vie. Nous devons toujours veiller, puisque
nous ignorons quand la mort viendra. Peut-être se-
ra-ce bientôt; et malheur à nous si Dieu ne nous
trouvait pas alors travaillant à son service! »

Je lis dans une autre lettre de la correspondance
de Sousi avec l'abbé de Flamanville : « Je vais, mon
cher ami, vous faire part de ce qui m'occupait hier au
soir : en songeant que nous ne devons pas nous attacher à ce monde, où tout est passager, mais porter
nos affections vers les choses éternelles, il me vint
en pensée qu'un homme raisonnable ne s'amuse pas
à meubler magnifiquement une maison, lorsqu'il ne
la tient qu'à louage pour très-peu de temps, et qu'il
attend de jour en jour qu'on lui donne son congé.
Nous ne sommes nous-mêmesque comme les locataires de ce monde, dont Dieu est le propriétaire.
Mais il s'en faut bien que les locataires de ce monde
soient aussi prudents que les locataires de la maison
dont je parle. On s'inquiète, on s'agite beaucoup pour
s'établir et s'accommoder dans la maison de ce mon

de ; on veut la bien meubler, c'est-à-dire y avoir des honneurs, des richesses et des plaisirs ; on se conduit comme si on devait y demeurer toujours ; on ne songe pas qu'au premier jour le maître va signifier le congé, et qu'on sera forcé de déloger. Ah ! mon cher ami, si, au lieu de nous donner tant de mouvement et d'épuiser nos facultés pour nous établir commodément dans cette maison d'emprunt, nous nous attachions à chercher une habitation plus convenable et à nous l'approprier, nous ne nous trouverions pas sans ressource et sans maison lorsque le propriétaire de ce monde nous signifiera notre congé.

» Combien de gens, à notre âge surtout, pour s'être trop attachés aux plaisirs et aux biens de ce monde, négligent et perdent sans ressource ceux de l'éternité ! Le fruit que nous pouvons tirer de cette considération, ce doit être, ce me semble, de travailler sans relâche, dans le lieu de notre exil, à nous assurer l'éternité, comme la demeure qui nous est propre, et à laquelle nous sommes tous destinés. Je vous fais part de mes idées ; vous suppléerez à ce qui y manque.

» Songez à moi, mon cher ami, pendant cette semaine sainte : j'ai bonne envie de l'employer le mieux possible, car qui sait si la Pâque à laquelle nous touchons ne sera pas la dernière que je verrai ? » Ce fut, en effet, la dernière qu'il vit. Très-peu de jours après la date de la lettre que nous venons de lire, la maladie de Sousi commença à s'annoncer par une extinction de voix. Son père le rappela du collége, et il resta chez lui, où il n'éprouva d'abord qu'un léger mal-être.

Le mardi de la semaine sainte, comme il faisait la prière du soir avec toute sa famille, il lui survint un crachement de sang qui effraya tout le monde, excepté lui, que cet accident ne parut pas même étonner. Le pieux jeune homme avait toujours eu une si grande crainte de se perdre dans le monde que mourir à la fleur de l'âge lui paraissait bien plus une faveur du ciel qu'un sujet d'affliction. Le crachement de sang continua, augmenta même les jours suivants, sans qu'il en témoignât plus d'inquiétude. Il songeait continuellement et il disait quelquefois que la Providence avait voulu que cette maladie lui arrivât, et cette considération tenait son âme en paix. Ne pouvant satisfaire sa dévotion, pendant cette semaine, ni pendant les fêtes de Pâques, en allant à l'église, il se consolait dans la pensée que l'union de ses souffrances avec celles du Sauveur et sa conformité aux ordres du ciel lui tiendraient lieu de tout autre exercice.

Quelques saignées qu'on lui fit l'ayant un peu soulagé, il voulut faire sa communion pascale, et il la fit le vendredi de la semaine de Pâques avec une ferveur angélique, et surtout dans des sentiments d'une joie tout extraordinaire, qui venait non de ce qu'il se trouvait mieux, mais de l'espérance qu'il avait conçue que ce mieux ne serait pas de longue durée, et qu'il pourrait bientôt se réunir d'une manière plus parfaite au Dieu qu'il recevait dans le sacrement de son amour. C'était le sentiment qu'il témoignait aux personnes de confiance qui l'approchaient.

Cependant il parut convalescent pendant quelque temps, et l'on se flattait de sa guérison. Il avait repris la plupart de ses exercices ordinaires. Il partageait son temps entre la prière et l'étude des matières philosophiques, édifiant toute sa famille par la ferveur de sa piété et la sagesse de ses discours. Il ne lui revenait plus que quelques accès de fièvre et après de longues intermissions. Comme cet état de convalescence l'obligeait cependant à garder la chambre, ses amis et les personnes de sa connaissance lui faisaient visite. Un jour qu'il avait reçu beaucoup de monde, et que chacun lui avait demandé avec empressement des nouvelles de sa santé :

« Voyez, dit-il à une personne qui était auprès de lui, ce que c'est que les usages et les bienséances du monde : tous ceux qui viennent me voir ne manquent pas de s'informer de la disposition de mon corps, et pas un seul ne me demande en quel état est mon âme. »

La nuit du mercredi au jeudi, 23 de juin, le crachement de sang lui reprit avec plus de violence que jamais, et le danger parut alors imminent. Il témoigna de nouveau la satisfaction de se voir en cet état : l'espérance d'une mort prochaine répandait la joie dans son âme et la sérénité sur son visage. Ne voyant, comme saint Paul, qu'un vrai gain dans la perte de la vie, il appelait la mort par tous les désirs de son cœur, il ne s'occupait que de Dieu, il ne soupirait qu'après le bonheur de lui être uni dans le ciel, et l'on eût dit quelquefois qu'il goûtait déjà ce bonheur par avance. Sa prière alors était presque continuelle. S'il ne priait pas, il méditait, ou bien il se faisait faire une lecture édifiante. Il aimait surtout qu'on lui lût un traité qu'il avait sur la mort des justes, les Psaumes de David, l'Imitation, et particulièrement le douzième chapitre du second livre, qui établit la nécessité pour le chrétien de souffrir ici-bas et de porter sa croix.

Pendant tout le cours de sa maladie, dont les huit derniers jours furent cruels, il ne lui est pas échappé un seul mot, un seul geste qui marquât la plus légère impatience, le moindre sentiment de tristesse ou de découragement. Content de tout, résigné à tout, il respectait dans ses médecins les ministres des desseins de la Providence sur lui, il leur obéit jusqu'à la mort. Sans se mettre en peine de connaître les motifs de leurs décisions, si on lui imposait la privation de ce qu'il aurait le plus désiré, il s'y soumettait; si on lui demandait son bras pour le saigner, il le présentait; si on lui offrait une potion médicinale, il la prenait. Quoique la continuité des remèdes lui causât beaucoup de dégoût, sans paraître le soulager en rien, il ne se plaignait jamais de leur amertume; il ne s'informait pas même si l'on continuerait longtemps à le fatiguer par ces sortes de breuvages. Dans certains accès de douleur plus aiguë, il s'adressait à Dieu, et sa plainte était : « Mon Dieu, donnez-moi la patience; » il possédait cette vertu dans

le plus rare degré : on ne pouvait pas être témoin de
ses souffrances et des sentiments héroïques avec lesquels il les endurait, sans être frappé d'admiration.

Un jour que son professeur, dont il était chéri,
était venu lui faire une visite, dans un moment de
crise où il le voyait souffrir cruellement, et avec sa
résignation ordinaire, il dit fort bas à la personne
qui était auprès de lui : « Quelle patience! quelle
édifiante leçon pour nous! » Sousi l'entendit, mais ne
dit rien dans le moment, parce que la violence du
mal ne le lui permettait pas. Quelques instants après,
se trouvant mieux, il adressa la parole au professeur,
et lui dit : « Il faut, monsieur, quand on est auprès
des malades, faire attention qu'ils entendent fort
clair, et prendre garde de les exposer à la vanité, en
leur faisant des compliments. Le plus grand service
qu'on puisse leur rendre, c'est de prier Dieu qu'il
leur accorde la patience. » Il parla ensuite sur divers
sujets, et toujours de manière à édifier tous les assistants. La conversation étant tombée sur l'état des
professeurs et des personnes qui se dévouent à l'éducation de la jeunesse, il dit que c'était une profession aussi estimable par elle-même que précieuse
pour la société; qu'elle offrait à ceux qui l'exerçaient
bien des avantages pour le salut, mais qu'elle avait
aussi pour eux ses dangers, dont le plus grand, selon
lui, était qu'elle appliquait tellement les facultés de
leur esprit à la recherche des différentes connaissances auxquelles ils devaient former leurs élèves que,
sans une grande vigilance sur eux-mêmes, ils avaient

Modèle   7

fort à craindre que l'étude des sciences n'altérât en eux l'onction de la piété. Tandis que le malade parlait ainsi, son professeur l'écoutait avec une attention qui tenait du respect, et l'on eût dit, à le voir, que c'était un disciple qui recevait la leçon de son maître. Sousi, s'en étant aperçu, en eut une sorte de honte; il se reprit lui-même de l'excellente réflexion qu'il venait de faire comme d'une indiscrétion, et dit au professeur : « Pardon, monsieur, je vous prie, ce n'est pas à moi, sans doute, à parler des devoirs de mes maîtres; mais cette idée m'a passé par l'esprit, en me rappelant que MM. de Saint-Sulpice font tous les matins une heure d'oraison pour se prémunir contre la dissipation des grandes choses. »

Dès le premier jour de sa rechute, Sousi, que tous les désirs de son cœur portaient vers Dieu, avait témoigné beaucoup d'empressement pour communier en viatique; mais, comme on ne désespérait pas encore de son état, on lui représenta que cette communion, qui devait dispenser du jeûne ecclésiastique, demandait un danger plus imminent que celui dans lequel il se trouvait. Le malade, soumis à la volonté de ceux qui le dirigeaient, se contenta d'offrir à Dieu la préparation de son cœur, et de redoubler d'ardeur dans les communications spirituelles qu'il ne manquait pas de faire à certaines heures.

Le mercredi, veille de l'octave de la Fête-Dieu, le curé de Saint-Gervais, sa paroisse, vint le voir. L'occasion parut favorable au pieux jeune homme, pour renouveler les instances avec lesquelles il avait déjà demandé qu'on lui administrât le saint Viatique. Il parla sur ce sujet avec tant de piété, et en des termes si touchants, que le curé ne put retenir ses larmes, et tous ceux qui étaient présents en versèrent avec lui. On ne crut pas devoir s'opposer plus longtemps à de si saints désirs, et on lui promit qu'on le satisferait le lendemain. Ce fut pour lui un grand sujet de consolation. Il lui en coûta peu pour préparer sa confession; il la fit sans trouble et sans inquiétude, et comme s'il se fût agi de se disposer à une communion ordinaire.

Le lendemain, jour de l'octave du Saint-Sacrement, le curé lui apporta le saint Viatique. Tous les sentiments de piété qu'il avait fait paraître en faisant sa première communion, il les montra en faisant sa dernière, et dans un degré plus éminent de ferveur, au comble de ses désirs, et déjà mort à la terre; dès qu'il eut communié, il semblait éprouver les doux transports d'une âme consommée dans l'union avec son Dieu et assurée de sa béatitude. Le curé, avant de le quitter, l'ayant prié de lui dire quelles grâces il désirait plus particulièrement qu'on demandât pour lui à Dieu : « C'est, répondit-il, la résignation à sa sainte volonté, la patience dans mes souffrances, et la contrition de mes péchés. Les assistants ne purent pas entendre ces dernières paroles sans en être attendris. On craignait qu'il n'eût été fatigué de la cérémonie, il en éprouva un effet tout contraire; l'abondance des consolations qu'il y reçut sembla lui communiquer de nouvelles forces; il se trouva moins

accablé ce jour-là, ainsi que le lendemain vendredi.
Mais, sans se flatter de ce mieux, il en profita pour
continuer son action de grâces, et pour se préparer
aux derniers combats de la nature : ils furent très-
violents pour lui ; et Dieu, qui voulait embellir sa
couronne, et offrir aussi aux jeunes gens malades un
modèle de patience en sa personne, lui en ménagea
toutes les épreuves.

Le vendredi au soir, il fut attaqué d'un grand re-
doublement de fièvre, accompagné d'une toux continuelle et si opiniâtre qu'elle lui coupait la respira-
tion. Lorsque, par intervalles, il pouvait prononcer
quelques paroles, c'était des actes de résignation. Il
disait souvent : « Seigneur, que votre volonté soit
faite. » Quelques personnes pieuses, en le voyant
dans cet état de souffrances cruelles, parlaient entre
elles, à voix basse, de faire un vœu sous l'invocation
de saint François de Sales ; Sousi les entendit, et leur
dit : « Que ce vœu au moins ne soit pas en vue d'obtenir ma guérison : ce n'est pas ce qu'il faut demander à Dieu, mais l'accomplissement de sa sainte volonté sur moi. »

Le samedi, le curé de Saint-Gervais vint encore le
voir, et lui demanda comment il se trouvait. Il souffrait beaucoup alors : « Bien abattu, répondit-il.
Monsieur le curé, demandez à Dieu, je vous prie,
qu'il m'accorde la patience ; j'ai besoin aussi que les
fortes réflexions viennent à mon secours pour me
soutenir dans ce passage. »

Aux maux qu'endurait déjà le malade, il s'en joi-

gnait un d'autant plus cruel que le seul remède qui
eût pu y apporter quelque soulagement lui était constamment refusé : c'était une faim dévorante qui le
tourmenta jusqu'à sa mort. Dans un moment où son
confesseur était auprès de lui : « Je vous prie, monsieur, lui dit-il, de me parler souvent de Dieu ; j'a
besoin qu'on m'entretienne dans sa présence pour
me distraire de la pensée de manger, qui me poursuit continuellement. » Cependant, parmi les plus
violents accès de cette faim, il ne demanda pas une
seule fois à la satisfaire, fidèle à la résolution qu'il
avait prise, dès le commencement de sa maladie,
d'abandonner aux autres le soin de son corps pour
s'occuper uniquement lui-même de celui de son âme.

Le lundi matin, un ecclésiastique de sa connaissance le vint voir ; il lui parla de son état avec beaucoup de tranquillité, et lui dit : « Je touche à ma dernière heure, ne me quittez pas, je vous prie, vous
pourrez m'aider à la soutenir. » Il dit à peu près la
même chose à une autre personne qui vint le voir peu
d'heures après.

Il était d'une attention extraordinaire pour toutes
les personnes qui lui faisaient visite ; il leur marquait son amitié, il les remerciait, il les priait de se
souvenir de lui devant Dieu. Toujours plein de tendresse et de reconnaissance pour ses parents, il tâchait
de les consoler de la douleur qu'ils avaient de le perdre, en les assurant qu'il mourait sans regrets,
et que c'était même avec plaisir qu'il quittait le
monde.

Jusque dans ses derniers moments, le bon jeune homme se souvint des pauvres, qu'il avait toujours aimés; mais, comme s'il eût craint de faire connaître l'étendue de sa charité, il n'en recommanda particulièrement qu'un seul, c'était un Irlandais, que Xili, sans doute, lui avait fait connaître; il était sans ressource, et il y avait longtemps qu'il l'entretenait. A l'intérêt qu'il marquait pour cet étranger, on crut qu'il ne serait pas fâché de le voir; on le chercha et on le lui amena. Ce pauvre homme, à la vue de son bienfaiteur réduit à la dernière extrémité, se sentit le cœur déchiré de douleur, et ne put lui parler que par ses larmes. Alors l'humble Sousi, qui ne croyait pas que celui même qui ne subsistait que par ses bienfaits dût s'affliger de sa mort, traita de faiblesse sa sensibilité, et lui dit avec fermeté : « O homme de peu de foi! c'était donc en un bras de chair, et non pas en Dieu, que vous mettiez votre confiance? Allez, mon ami, ce sentiment n'est pas digne d'un chrétien. » Il pria cependant ses parents de prendre soin de lui après sa mort.

Vers les trois heures de l'après-midi, le malade essuya un accès de fièvre plus violent que jamais. Il était accompagné d'une oppression de poitrine qui le suffoquait. Dans cette extrémité, il s'écria : « Mon Dieu, secourez-moi, soutenez ma patience prête à m'échapper. » Comme cette crise continuait et le tenait dans un état violent de souffrance, il demanda qu'on lui lût la passion de notre Seigneur, et qu'on la lût lentement. A chaque verset, il produisait des actes d'offrande de sa vie et de résignation à la volonté de Dieu. Lorsqu'on en fut à ces paroles : *Non potuistis unâ horâ vigilare mecum?* s'appliquant à lui-même ce reproche que faisait notre Seigneur à ses disciples de n'avoir pas eu le courage de veiller et de souffrir une heure avec lui, il répéta d'un ton de voix animé, qui marquait toute l'ardeur de ses sentiments : *Non potuisti unâ horâ vigilare mecum?*

A sept heures du soir, Sousi dit qu'il était temps qu'on lui administrât l'Extrême-Onction. On lui fit quelques représentations pour l'engager à différer de la recevoir jusqu'au lendemain matin; mais il parla avec tant de force et de sagesse sur le besoin qu'il se sentait de la vertu de ce sacrement pour soutenir les derniers assauts de la mort qu'on se rendit à ses pieuses instances. Pendant la cérémonie, il donna la même édification aux assistants, et parut éprouver, de son côté, la même consolation que lorsqu'il avait reçu le saint Viatique. Peu de temps après, on lui présenta une potion composée de drogues dont l'odeur seule était insupportable. Il reçut le vase, le but sans se plaindre, sans marquer aucune répugnance, sans vouloir même se rincer la bouche après. A peine eut-il pris ce remède qu'il éprouva une violente altération, et il dit qu'il avait une soif brûlante; on lui demanda s'il ne pouvait pas la soutenir encore quelques temps. Quoiqu'il eût la bouche tout enflammée, prompt à saisir cette occasion de prolonger les souffrances qu'il endurait, il répondit : « Oui, je puis bien encore me passer de boire. »

Vers minuit, il lui survint une faiblesse qui fit croire qu'il allait expirer. Comme il voyait qu'on s'empressait avec inquiétude autour de lui : « Je ne me sens pas, dit-il, plus mal qu'à l'ordinaire; mais peut-être n'en suis-je pas moins près de ma fin. » Puis, se tournant vers une personne qui l'avait toujours exhorté à se ménager pendant la maladie, et surtout à ne pas continuer les austérités auxquelles il se livrait auparavant, il lui dit : « Avouez que si j'avais commencé plus sérieusement ma pénitence quand j'ai commencé à être malade, je me trouverais, en ce dernier moment, un peu plus avancé que je ne suis; » et, sur ce qu'on lui répondit, il s'écria : « Est-il possible qu'on s'obstine à avoir de moi une opinion si contraire à la vérité ! »

Lorsqu'il ouvrait la bouche pour parler, sa langue paraissait être tout en feu. Quelqu'un lui demanda s'il ne voudrait pas quelque chose pour se rafraîchir la bouche. « C'est à ces messieurs, dit-il, en se tournant vers les médecins qui étaient dans sa chambre, et non pas à moi, qu'il faut le demander. » En effet, il eût toujours répondu qu'il était altéré, et qu'une faim cruelle le dévorait. On crut pouvoir lui donner quelques cuillerées de gelée de groseilles, qu'il mangea avec avidité; mais ce n'était là qu'une goutte d'eau jetée sur un incendie. Cependant il ne demanda rien davantage, content d'avoir toujours à offrir à Dieu le sacrifice douloureux de ses besoins et de ses souffrances.

XX

Ne doutant pas que cette nuit ne dût être la dernière de sa vie, il pria son confesseur de la passer
auprès de lui, afin de lui inspirer les sentiments
convenables à un mourant. M. Polot se rendit d'autant plus volontiers à ses désirs qu'il regardait comme
un précieux avantage pour lui-même de pouvoir re-
cueillir les derniers traits d'une si belle vie; et, depuis ce temps-là ce vertueux ecclésiastique disait
souvent que rien au monde ne l'avait jamais tant
édifié que les derniers moments de Sousi. Les personnes qui venaient le voir, et les domestiques qui
le servaient, en le considérant sur son lit comme
une victime volontaire sur l'autel de son sacrifice,
étaient obligés de détourner les yeux pour essuyer
les larmes que leur arrachait un spectacle si atten-
drissant.

7.

Sur les deux heures après minuit, une heure avant
sa mort, Sousi proposa à son confesseur de faire encore une revue générale et une dernière accusation
de tous les péchés de sa vie. Le saint jeune homme,
dans cette belle vie, où les yeux de tous ceux qui
l'environnaient n'avaient jamais découvert que des
vertus et des actions louables, voyait lui-même, par la
vivacité de sa foi, des taches dignes d'être purifiées
par le repentir le plus amer et le plus durable. Sa
douleur était si grande qu'il ne pouvait pas la cacher
aux assistants. On eût cru entendre les regrets du
plus grand pécheur, et l'on était dans l'étonnement
de le voir déplorer ainsi le malheur d'avoir commis,
bien des années auparavant, de ces fautes appelées
légères, que la plupart des jeunes gens commettent,
sans y penser, ou auxquelles ils ne pensent jamais,
pour s'en accuser avec douleur.

Après qu'il eut fait cette dernière confession, pour
ne pas fatiguer son confesseur, qu'il avait déjà en-
tretenu long-temps, il pria un frère de la Charité, qui
le soignait, de lui réciter les prières des agonisants,
en l'avertissant de parler à haute voix, afin qu'il pût
l'entendre et le suivre. On se mit à genoux pour lui
obéir, et tandis que les larmes coulaient de tous les
yeux, lui-même, tranquille et possédant toujours son
âme en paix, s'unissait de la manière la plus parfaite
aux prières de l'Église, exhortant courageusement
son âme à sortir de ce monde, et marquant le désir
le plus impatient de se réunir à son Dieu. Il donna
encore, dans cette occasion, une dernière preuve du

profond respect qu'il avait eu toute sa vie pour le
saint exercice de la prière; tandis qu'on récitait pour
lui celle des agonisants, il se trouva dans une situation fort gênante, et qui le faisait souffrir; il n'en dit
rien que lorsque la prière fut achevée; et comme on
lui demandait pourquoi il n'avait pas demandé plus tôt
du soulagement: « C'est, répondit-il, qu'il eût fallu
pour cela, faire interrompre la prière. »

Quoiqu'il dût être fatigué par tant d'exercices, il
ne voulait prendre aucun repos; il ne s'en promettait
plus que dans le sein de Dieu. Il pria de nouveau
son confesseur de lui parler comme à un mourant:
« Aidez-moi, lui dit-il, à faire des actes des principales vertus. » Alors M. Polot commença à l'entretenir de l'excellence des vertus théologales, en
lui suggérant les sentiments analogues à sa situation. Lorsque son confesseur eut cessé de parler,
Sousi, ajoutant un acte d'humilité à ceux qu'il venait
de produire, s'écria:« O mon Dieu, que je suis in-
digne d'aller peraître devant vous! » Jusqu'au dernier soupir il conserva la raison la plus saine. Toujours plus pénétré de la majesté de Dieu, à mesure
qu'il approchait davantage du terme où il devait le
contempler à découvert, il craignait de perdre un
seul des instants de vie qui lui restaient pour se préparer à paraître en sa présence; et l'on peut dire de
lui, avec vérité, que son amour de Dieu fut plus fort
que la mort même. Dans le temps qu'il éprouvait les
dernières crises de la dissolution qui s'opérait en lui,
il ne voulait pas qu'on le laissât sommeiller · il accu-

sait la nature des défaillances qu'il éprouvait. « Soutenez-moi, je vous prie, dit-il à son confesseur, ma tête m'abandonne, mon imagination s'égare, je sens que je n'ai plus d'application à mon Dieu. » Quelques instants après, parce qu'il éprouvait sans doute un de ces sentiments de consolation que Dieu répand dans l'âme du juste mourant, il craignit de s'y arrêter, et, le rejetant comme une tentation, il s'écria : « Ce sont là des pensées de vanité. « Vers les trois heures, on lui entendit dire d'une voix faible et mourante : « Seigneur Jésus, recevez mon âme. « Il répéta cette prière à plusieurs reprises : *Domine Jesu, suscipe spiritum meum.* Ce furent les dernières paroles qu'il prononça.

Ainsi mourut l'aimable et vertueux Sousi, à la fleur de sa jeunesse; il n'avait que dix-sept ans. Mais ce fruit précoce était déjà mur pour le ciel. Sans avoir long-temps vécu, il avait fourni une longue carrière de vertus. Tous ses jours avaient été des jours pleins, et sa mort prématurée ne devait pas, aux yeux de la religion, laisser de regrets sur la brièveté de sa vie : aussi personne n'était-il tenté de le plaindre d'être mort si jeune. Mais chacun, enviant son bonheur, se plaignait soi-même d'avoir sitôt perdu un si beau modèle. Son corps inanimé n'inspirait point l'horreur qu'inspire naturellement un cadavre; on le considérait encore avec une sorte de complaisance, on le respectait comme un temple précieux du Saint-Esprit; on eût voulu pouvoir le conserver dans la maison.

Toute la famille de Sousi pleura sa mort. Son père, surtout, en parut inconsolable, et il porta sa douleur jusqu'au tombeau; ce vieillard respectable, vertueux dans tous les temps, croyait, après la mort de son cher fils, entendre continuellement sa voix qui l'appelait à une vertu plus parfaite encore. Il ne songea plus dès-lors qu'à se décharger du poids des affaires publiques, et il prit des mesures pour obtenir sa retraite. Dès que le roi l'eût agréée, il employa le loisir qu'elle lui laissait à se rappeler et à retracer les touchants exemples que lui avait offerts Sousi. Tous les ans, depuis ce temps-là, il passa le carême entier dans la solitude, occupé de la prière et des autres exercices de la pénitence chrétienne. Il faisait cette retraite dans le couvent des Charteux de Paris, où il s'était procuré un petit appartement. Après la mort de ce ministre, on trouva cette note dans ses papiers secrets : « Sur le bord du tombeau où je suis, je ne dois par perdre de vue le souvenir de ce cher enfant qui, à la fleur de sa jeunesse où il est mort, était déjà parvenu à une sainteté consommée. »

Les amis de Sousi ne pouvaient manquer de pleurer amèrement la perte qu'ils faisaient en sa personne, et, s'il est permis de juger de l'affliction des autres par celle que ressentit l'abbé de Flamanville, elle fut extrême. Ce jeune ecclésiastique était à Pont-Audemer en Normandie lorsqu'il apprit la mort de son ami. Frappé de cette nouvelle comme d'un coup de foudre, il resta pendant trois heures hors de lui-même, l'excès de sa douleur lui en ayant fait perdre jusqu'au sentiment. C'est luiquinous apprend cette particularité, et il continue son récit en ces termes : « Cette mort si précieuse pour lui, était si accablante pour mon cœur, qu'au moment où je l'appris, je me serais cru heureux de pouvoir lui rendre la vie aux dépens de la mienne. Dès que je fus revenu à moi, et que ma foi put aider ma raison, je fis à Dieu mon sacrifice ; mais aussi je donnai un libre cours à mes larmes. Aurais-je pu les retenir ? mon cœur était plongé dans la douleur, et cette douleur était bien juste. Hélas ! je la sens encore se renouveler tout entière en ce moment; elle m'accable, et je ne puis continuer....

« O mon ami ! je bénis Dieu de votre bonheur, mais que je plains ceux qui vous ont perdu ! O mon ami ! je n'ai de consolation qu'en pensant à vous. Il me semble vous voir encore. Il n'y a pas de soir que votre image ne se présente à mon esprit. Si j'étais peintre, que je la rendrais bien au naturel ! O précieux modèle ! je voudrais surtout retracer vos vertus et en faire des copies vivantes. De la douleur de vous avoir perdu, je cherche ma consolation aux pieds du crucifix que j'ai reçu de vous; et, considérant ce sacré côté ouvert pour l'amour de nous, je crois être auprès de vous, et que vous le considérez avec moi. D'autres fois je vous contemple tout brillant de gloire dans le ciel, et au comble du bonheur, tandis que votre ami est loin de vous dans cette vallée de misères. Mais il me semble aussi que du séjour que vous habitez vous me tendez la main. J'ai confiance en

votre tendresse fraternelle. O mon ami! je vous in-
voquerai souvent; je vous conjurerai d'intercéder
dans le ciel pour celui que vous avez aimé sur la
terre. » C'est ainsi que Sousi avait su s'attacher ses
amis. Les cœurs vertueux ne s'aiment point à la manière des autres hommes: la piété les rend frères, et
la fraternité de la vertu a des droits plus sacrés encore que ceux du sang.

Ce ne fut pas seulement sur le cœur de ses amis
que la mort du pieux étudiant fit impression, elle
laissa un vide affligeant parmi ses condisciples et tous
les jeunes gens qui avaient eu l'avantage de le connaître. C'est encore un des priviléges de la vertu, de
laisser après elle un doux souvenir qui force à la regretter ; et tel, souvent, qui ne sait pas l'apprécier,
qui la trouvait un censeur importun lorsqu'il l'avait
sous les yeux, se sent épris de ses charmes lorsqu'elle
a disparu, et la poursuit, pour ainsi dire, au moment
qu'elle lui échappe. C'est ainsi que l'on vit un des
frères de Sousi, Maurice, ce jeune homme si léger
et si dissipé, touché comme miraculeusement à la
mort de son frère, et par le souvenir seul des vertus
dont la présence avait fait si peu d'impression sur lui.
Son changement fut l'ouvrage d'un instant, et il fut
parfait. Ses parents, ses maîtres, ses condisciples,
ne le reconnurent plus; il ne fut plus lui-même, il
devint un autre Sousi; il montra ses bonnes qualités, il retraça ses vertus, et toute sa vie, dans la
suite, fut la continuation de la sainte vie de son
frère.

XXI

Vous avez été édifié, mon cher lecteur, et les vertus de Sousi ont parlé à votre cœur ; mais les vertus des autres ne sont point celles qui nous sauveront : c'est sur nos œuvres que nous serons jugés. La vertu a par elle-même des attraits si puissants qu'il faut être pervers pour n'en être pas touché ; mais ce n'est pas à une vaine et stérile estime de la vertu, c'est à sa pratique qu'est attaché notre salut. Tous ceux qui disent : Seigneur, Seigneur, c'est-à-dire ceux qui ont la foi, n'entreront pas pour cela dans le royaume des cieux, mais ceux seulement qui auront marché à la lumière de ce divin flambeau, et dont les actions n'auront pas démenti la croyance. Les exemples de Sousi vous rendent la vertu aimable, vous avez la foi ; voulez-vous être sauvé ? Imitez ses exemples ; retracez-les dans votre conduite. Il vous en coûtera... mais le ciel, aussi, n'est accordé qu'à titre de conquête et à ceux qui se font violence. Une couronne immortelle mérite bien qu'on l'achète ! Au reste, ce qui coûte le plus dans la vie chrétienne, ce n'est

point de marcher dans les voies de la vertu, c'est d'y
entrer. Une âme lâche, un cœur sans énergie, un
jeune homme enfin qui n'interroge que ses passions
et n'écoute que sa faiblesse, se figure l'empire de la
vertu comme une région triste et malheureuse, qui
dévore ses habitants. Mais, a-t-on eu le courage d'y
pénétrer, les monstres qu'on s'y figurait s'évanouis-
sent, on n'y trouve plus qu'une terre de bénédiction
où coulent le lait et le miel, et l'on a honte de ses
frayeurs chimériques. L'essentiel donc, cher lecteur,
pour imiter Sousi, c'est de vouloir sérieusement,
c'est de commencer, c'est de faire généreusement les
premiers pas dans la route qu'il vous a tracée. Vous
le pouvez sans doute ; et, tandis que ses bons exemples vous invitent, votre propre conscience vous sol-
licite, et Dieu lui-même vous appelle : entrez donc
dans la carrière qui doit vous conduire au bonheur,
et, pour vous y soutenir, je vous exhorterai à contempler de nouveau le modèle encourageant que je
vous ai proposé, en faisant sur vous-même un retour
réfléchi.

Sousi, dès le moment où il fait sa première communion, paraît s'élever au-dessus des faiblesses de
l'enfance, et montre déjà une piété édifiante. A l'âge
de treize ans, il se propose une règle de conduite
dont la sagesse étonne, et les moyens qu'il prend
pour y être fidèle sont efficaces : c'est que le pieux
jeune homme allait à Dieu dans la droiture de son
âme, et Dieu bénit toujours un cœur simple et géné-
reux. Vous avez fait vous-même votre première

communion, et peut-être y a-t-il déjà bien des années : aviez-vous eu soin de vous pénétrer, comme
Sousi, de la grandeur de cette action? en aviez-vous
retiré les mêmes fruits que lui? vous aviez du moins
formé comme lui de bonnes résolutions; peut-être
même les aviez-vous aussi mises en écrit. Mais vos
résolutions ont-elles été aussi efficaces que les sien-
nes? et, si elles ne l'ont été, à quelle cause devez-
vous l'attribuer! Les grandes vérités qui vous tou-
chaient si fortement lorsque vous eûtes le bonheur de
recevoir votre Dieu pour la première fois, auraient-
elles cessé depuis d'être des vérités, où seraient-elles
devenues des vérités moins importantes? Est-ce
Sousi qui aurait eu tort en persévérant, ou vous-
même qui l'avez eu en vous relâchant? Ce qu'un
jeune homme sent si bien au temps d'une première
communion, où l'Esprit de Dieu le pénètre et l'éclaire,
il devrait, sans doute, le sentir toute sa vie; et pour
peu qu'il s'aperçoive que ce sentiment s'affaiblisse en
lui, il doit se dire aussitôt : « Mon âme est malade,
hâtons-nous de la guérir.

La plus douce occupation de Sousi était de penser à
Dieu et de converser avec lui; il faisait ses délices de
méditer sa loi sainte, et il y trouvait sa force et sa
lumière. Il cherchait sa consolation et son entretien
dans la lecture des livres de piété, qui sont également
la parole de Dieu. Tout ce qui l'environnait
parlait à son cœur le langage de la vertu : toutes les
créatures lui prêtaient, pour ainsi dire, leur voix
pour bénir leur Créateur. Mais un jeune chrétien ne

doit-il pas avoir des sentiments et les nourrir en lui ?
S'il ne les a pas, si, au contraire, il abuse des créatures et des autres présents de Dieu contre Dieu
même, il n'a plus le cœur d'un fils pour son père ;
il n'a plus l'esprit du christianisme ; comment aurait-
il l'esprit ecclésiastique, qui en est la perfection.

Sousi avait un zèle ardent pour les intérêts de
Dieu ; il ne pouvait le voir oublié, et souvent outra-
gé, sans se sentir pénétré d'un profond sentiment de
douleur. Il s'appliquait à procurer sa gloire, en la
manière que le peut faire un jeune homme. Il levait
sans cesse les mains au ciel pour les besoins de la
religion : il eût désiré pouvoir établir partout son
règne sur les ruines de l'impiété, et, dans l'impuissance de faire pour Dieu tout ce que lui suggérait son
zèle, il s'efforçait de le dédommager, en quelque
sorte, de l'indifférence des autres par la ferveur des
hommages qu'il lui rendait. Mais pouvez-vous vous-
même, mon cher lecteur, vous flatter d'aimer Dieu
comme Dieu doit être aimé, sans partager ces sentiments dans le cœur, sans qu'il en parût quelque
chose au dehors ?

Le zèle de Sousi pour la gloire de Dieu embras-
sait celui du salut des âmes. Qu'il était ingénieux
pour le procurer ! sa charité prenait toutes les formes
pour gagner leurs cœurs, et il n'était jaloux de les
posséder que pour les offrir à Dieu. C'est pour cela
que sa piété, dans sa plus grande ferveur, n'avait
rien que d'engageant ; il en gardait toute l'austérité
pour lui, et n'en montrait aux autres que les doux

avantages. Son commerce était charmant. Toujours plein de douceur et de complaisance envers ses condisciples et ceux avec lesquels il avait quelque relation, il souffrait tout de leur part, il leur accordait tout, il leur sacrifiait tout, excepté le devoir et la conscience ; content, lorsqu'à ce prix il avait pu les disposer à recevoir les conseils de la sagesse : aussi ne pouvait-on le fréquenter sans l'aimer, ni l'aimer sans désirer de lui ressembler. Ce qu'on n'était pas encore en s'approchant de lui, on le devenait nécessairement dans sa société. Rappelez-vous sur quoi roulaient ses entretiens avec ses amis; sur quel ton il leur écrivait, quels conseils il leur donnait; mais surtout quels exemples! il était auprès d'eux d'une singulière modestie. Digne en tout d'être leur maître, et lorsqu'il l'était en effet, il se croyait leur disciple. C'était en prenant leurs conseils qu'il leur donnait les siens, c'était en faisant leur volonté qu'il commandait à leur cœur. Telle est la véritable amitié : la gloire de Dieu est toujours le but, la vertu en est le lien sacré, et la perfection mutuelle des amis en est le précieux fruit. Or, mon cher lecteur, comme les amis de la jeunesse sont presque toujours les amis de tous les âges, de quelle conséquence n'est-il pas pour vous de n'en choisir que de vertueux ? Serait-il même possible que vous trouvassiez un ami véritable hors de la classe des jeunes gens vertueux? Un lâche flatteur fut-il jamais un ami? L'homme de scandale ou le séducteur oserait-il en usurper le nom ? et voudriez-vous appeler amitié ces liaisons perfides plus

redoutables pour ceux qui ont le malheur de les contracter que ne le fut jamais la haine la plus décla-
rée ?

Le cœur charitable de Sousi s'attendrissait sur les
besoins de tous les hommes, et les plus abandonnés
devenaient les objets privilégiés de ses soins. Peu de
jeunes gens de son âge auraient pu dépenser autant
que lui pour ses amusements; il dépensait moins
qu'aucun. Aussi économe pour lui-même qu'il était
libéral envers les pauvres, il se serait reproché la
dépense de trois livres pour une partie de plaisir avec
ses amis, et il semblait compter pour rien de donner
dix-huit francs à un seul pauvre. Vous applaudissez
à ces sentiments, mon cher lecteur, mais pourquoi
ces sentiments ne sont-ils pas ceux de tous les jeunes
gens aisés ? Après que la Providence vous a donné
abondamment le nécessaire pour la nourriture et le
vêtement, votre superflu ne devrait-il pas être le patrimoine des pauvres? Vos besoins sont satisfaits, on
fournit encore à vos plaisirs, mais le nécessaire de
l'indigent, qui est votre frère, ne doit-il pas être pré-
féré à vos plaisirs? et quel plaisir plus doux pour un
cœur sensible que de donner du pain à un malheureux
qui a faim, ou de couvrir la nudité de celui qui a
froid? Mais, pour une âme chrétienne, est-il satisfaction comparable à celle de savoir que, dans la
personne du pauvre dont elle a eu pitié, c'est Jésus-
Christ lui-même qu'elle a soulagé ?

Comme les besoins physiques de l'homme ne sont
encore que ses moindres besoins, l'indigence spiri-

tuelle était celle que touchait le plus Sousi. Lorsqu'un pauvre lui demandait l'aumône, il se disait à
lui-même : « Peut-être que sa misère intérieure est
plus grande encore que celle que j'aperçois ; » et, en
le soulageant, il cherchait à l'éclairer. Il lui apprenait à se consoler de la privation des richesses du
temps par la recherche des biens éternels. Nous ne
demanderons pas de tous les jeunes gens, de ceux
surtout qui ne sont pas appelés au ministère évangé-
lique, qu'ils portent aussi loin que Sousi le zèle de la
sanctification des âmes ; nous ne leur ferons pas une
obligation de rassembler, comme il faisait, les enfants
des pauvres, et d'acheter d'eux, à prix d'argent, le
plaisir de leur parler de Dieu et du salut. Sousi pratiquait jusqu'aux conseils de la charité ; mais un jeune
homme, quel qu'il soit, ne peut se dispenser d'en
remplir les devoirs, et s'en est un pour vous, mon
cher lecteur, de ne pas laisser dans son aveuglement
ce condisciple qu'il vous serait aisé d'éclairer par un
bon avis, cet ami que vous voyez courir évidemment
à sa perte : car c'est là le prochain dont il est dit que
Dieu a confié la garde à chacun de nous. Et pourrait-on vous supposer le degré de charité nécessaire,
je ne dis pas à un ministre, mais à un ministre de
Jésus-Christ, lorsque cette charité, le plus urgent des
préceptes divins, n'irait pas même en vous jusqu'à
vous engager à avancer la main pour empêcher que
vôtre frère ne tombe dans le précipice, ou, s'il était
tombé, à faire quelques démarches faciles pour l'aider à en sortir ?

Quelle prudence encore et quelle discrétion dans le zèle de Sousi le plus ardent! Il commençait par l'exercer par toute sa conduite avant de le porter sur les autres : il leur montrait toujours plus qu'il ne leur conseillait; il ne parlait jamais d'une vertu dont il ne fût lui-même un modèle. Et quelle présomption plus blâmable que celle de ces jeunes gens qui prétendent corriger les défauts des étrangers sans avoir commencé par réformer les leurs ?

Modèle d'obéissance et de soumission envers ses parents et ses supérieurs, Sousi ne se contentait pas de suivre leurs volontés, il étudiait leurs désirs et les prévenait. Il savait que leur obéir, c'était obéir à Dieu même : il les respectait comme les anges visibles que le ciel avait commis à sa garde. Il leur prouvait sa tendresse, non par de vaines démonstrations et des caresses puériles, mais par une régularité soutenue, et en sollicitant continuellement pour eux les grâces du salut. Ces sentiments sont beaux et louables sans doute, mais ils sont si naturels aussi à une âme chrétienne et à un cœur bien né qu'on doit bien moins s'étonner de les rencontrer dans un grand nombre de jeunes gens que de les désirer pour quelques-uns.

Nous avons vu Sousi remplir avec empressement tous ses devoirs d'étudiant, et ne les remplir jamais qu'en vue de Dieu. Ce grand motif lui faisait trouver le travail agréable; et un jeune homme d'esprit ne peut manquer de s'appliquer avec succès quand il le fait avec goût. Ce succès néanmoins n'enfla jamais

Sousi, trop sage pour s'attribuer à lui-même les
dons de Dieu et la grâce qu'il lui faisait de sentir la
nécessité de les faire fructifier. Heureux sans doute
le jeune homme qui sait se faire une vertu et bientôt un plaisir du travail, ce devoir commun à tous
les âges et presque à tous les hommes! car, s'il est
vrai que le travail soit un joug imposé aux enfants
d'Adam, il faut convenir que ce joug ne pèse pas
également sur tous : léger pour ceux qui le portent,
il ne fatigue que ceux qui le traînent.

La preuve la moins équivoque de la solidité des
vertus de Sousi, c'est son humilité. La modestie,
qui est le premier fruit de cette vertu, paraît en lui
dans un degré éminent. On le voit se mettre partout
au dernier rang. Il ne s'empresse pas plus à parler
de ce qu'il sait que de ce qu'il est. Il se montre toujours plus curieux d'apprendre que jaloux d'instruire, plus disposé à écouter qu'à parler. Doué de toutes
les grâces extérieures du corps, il l'ignore lui-même,
et l'on eût craint de parler de la beauté de sa figure
à un jeune homme qui ne savait estimer que les qualités de l'âme. Il n'a pas non plus la folle prétention
de se faire un mérite personnel de la noblesse de sa
famille, de ses richesses ou de son crédit. Nous voyons
encore qu'il a peine à s'imaginer qu'un être raisonnable puisse s'estimer plus qu'un autre, parce qu'il
porte un bel habit; ou se croire la tête meilleure
parce qu'elle est plus parée. On ne peut disconvenir,
mon cher lecteur, que la modestie, qui plaît à tous
les âges, ne convienne spécialement à la jeunesse,

et n'en soit un des plus beaux ornements. Par la sage retenue qu'elle lui impose, elle lui épargne toutes les humiliations de l'orgueil, et lui concilie les suffrages du monde sensé. Ne voulussiez-vous donc consulter que l'intérêt présent, vous devriez encore vous appliquer à être modeste ; et, quand même la modestie n'aurait pas l'avantage d'être une vertu chrétienne, elle serait encore une qualité sociale, et, pour un jeune homme, une bienséance de l'âge est un degré facile vers l'estime publique.

L'humilité de Sousi se fait surtout remarquer dans les précautions et les sages mesures qu'il prenait pour assurer sa persévérance dans le bien. Toute espèce de danger l'effrayait, et il en fuyait jusqu'aux moindres occasions, plus empressé pour garantir son innocence que le sont, pour la recouvrer, ceux qui ont le malheur de la perdre. Il ne craignait rien tant que de se trouver au milieu du grand monde ; obligé cependant d'y paraître, malgré lui, il était comme n'y étant pas, sachant se soustraire également et à la frivolité de ses entretiens qui dissipent l'âme, et au danger de ses divertissements qui l'amollissent et la corrompent. Et croiriez-vous vous-même, mon cher lecteur, sans les précautions qu'employait Sousi, et de plus grandes encore, s'il est possible, pouvoir garantir votre faible vertu des écueils qui l'attendent dans le monde ? Les connaissez-vous même ces écueils ? sentez-vous bien tout le danger de leur universalité dans le siècle de licence où vous vivez ? savez-vous que les scandales domestiques sont aujourd'hui les

8

premiers qui corrompent les jeunes gens ? savez-vous qu'au sein même de vos familles vous pourrez entendre condamner les maximes de Jésus-Christ par les maximes du monde, faire l'apologie des spectacles et des divertissements les plus incompatibles avec l'innocence du cœur ? Si vous fréquentez la société des jeunes gens du monde, savez-vous que votre vertu la plus commune, et dont vous sentez vous même l'insuffisance , ils l'appelleront bizarrerie, singularité, vain scrupule ? que bientôt ils vous tiendront les propos les plus capables de révolter la pudeur; ils vous plaindront de n'avoir pas lu, comme eux, les livres les plus obcènes, ils vous en feront l'analyse, et, pour calmer, s'il est possible, vos trop justes alarmes, ils attenteront à votre foi même, en vous répétant, avec le ton de la confiance, qu'ils n'ont pas, en effet, tous les blasphèmes imprimés de nos jours contre Dieu et sa loi sainte ?

Peut-être sortirez-vous du cercle de vos connaissances pour voyager; mais savez-vous qu'aujourd'hui le voyageur, en France, compte ses pas par les scandales qu'il rencontre ? savez-vous que vous n'aurez presque jamais pour compagnon de voyage que des Juifs ou des Turcs; des hommes qui vous demanderont pourquoi vous allez à la messe le dimanche, et pourquoi vous ne faites pas gras, comme eux, le vendredi et le samedi ? Savez-vous que parmi ces hommes juifs et turcs, vous en trouverez quelquefois qui auront l'air d'appartenir au christianisme, et même d'être marqués d'un caractère auguste parmi

et n'en soit un des plus beaux ornements. Par la sage
retenue qu'elle lui impose, elle lui épargne toutes
les humiliations de l'orgueil, et lui concilie les suffrages du monde sensé. Ne voulussiez-vous donc consulter que l'intérêt présent, vous devriez encore vous
appliquer à être modeste ; et, quand même la modestie n'aurait pas l'avantage d'être une vertu chrétienne, elle serait encore une qualité sociale, et, pour
un jeune homme, une bienséance de l'âge est un degré
facile vers l'estime publique.

L'humilité de Sousi se fait surtout remarquer dans
les précautions et les sages mesures qu'il prenait
pour assurer sa persévérance dans le bien. Toute
espèce de danger l'effrayait, et il en fuyait jusqu'aux
moindres occasions, plus empressé pour garantir son
innocence que le sont, pour la recouvrer, ceux qui
ont le malheur de la perdre. Il ne craignait rien tant
que de se trouver au milieu du grand monde ; obligé
cependant d'y paraître, malgré lui, il était comme
n'y étant pas, sachant se soustraire également et à
la frivolité de ses entretiens qui dissipent l'âme, et
au danger de ses divertissements qui l'amollissent et
la corrompent. Et croiriez-vous vous-même, mon
cher lecteur, sans les précautions qu'employait Sousi,
et de plus grandes encore, s'il est possible, pouvoir
garantir votre faible vertu des écueils qui l'attendent
dans le monde ? Les connaissez-vous même ces écueils ?
sentez-vous bien tout le danger de leur universalité
dans le siècle de licence où vous vivez ? savez-vous
que les scandales domestiques sont aujourd'hui les

8

premiers qui corrompent les jeunes gens ? savez-vous qu'au sein même de vos familles vous pourrez entendre condamner les maximes de Jésus-Christ par les maximes du monde, faire l'apologie des spectacles et des divertissements les plus incompatibles avec l'innocence du cœur ? Si vous fréquentez la société des jeunes gens du monde, savez-vous que votre vertu la plus commune, et dont vous sentez vous même l'insuffisance, ils l'appelleront bizarrerie, singularité, vain scrupule ? que bientôt ils vous tiendront les propos les plus capables de révolter la pudeur ; ils vous plaindront de n'avoir pas lu, comme eux, les livres les plus obcènes, ils vous en feront l'analyse, et, pour calmer, s'il est possible, vos trop justes alarmes, ils attenteront à votre foi même, en vous répétant, avec le ton de la confiance, qu'ils n'ont pas, en effet, tous les blasphèmes imprimés de nos jours contre Dieu et sa loi sainte ?

Peut-être sortirez-vous du cercle de vos connaissances pour voyager ; mais savez-vous qu'aujourd'hui le voyageur, en France, compte ses pas par les scandales qu'il rencontre ? savez-vous que vous n'aurez presque jamais pour compagnon de voyage que des Juifs ou des Turcs ; des hommes qui vous demanderont pourquoi vous allez à la messe le dimanche, et pourquoi vous ne faites pas gras, comme eux, le vendredi et le samedi ? Savez-vous que parmi ces hommes juifs et turcs, vous en trouverez quelquefois qui auront l'air d'appartenir au christianisme, et même d'être marqués d'un caractère auguste parmi les chrétiens ? Savez-vous enfin qu'au milieu de tous ces scandales, vous ne pourrez vous montrer plus religieux que les autres sans devenir l'objet de leurs railleries sacriléges, à moins que vous ne possédiez cet assemblage bien rare de qualités imposantes qui commandent le respect pour la vertu à ceux mêmes qui font profession d'outrager la vertu ? Sousi avait-il donc tort de tant craindre le monde ? ou n'est-ce pas vous qui l'avez de le craindre si peu ? Non, sans doute, on ne résiste pas sans de grands efforts à ce torrent débordé des maximes et des usages du monde ; il faut à un jeune homme tout le courage de la vertu pour triompher du scandale impérieux de ces exemples, et Sousi agissait bien sagement lorsqu'il préférait une fuite, qui n'a rien que d'honorable aux dangers d'un combat dont le succès est toujours incertain.

Parmi les vertus qui font l'ornement de la jeunesse, il n'en était aucune que Sousi s'appliquât à conserver plus soigneusement que la chasteté, et il n'en est point non plus de plus délicate. On pourrait dire encore qu'elle est la plus précieuse des vertus dans un jeune homme ; non pas qu'elle soit supérieure à celles qui ont directement Dieu pour objet, mais parce qu'elle en est le soutien et le seul garant. En effet, répondez-moi de la chasteté d'un jeune homme, et je vous répondrai de sa foi et de ses autres vertus ; dites-moi, au contraire, qu'il a eu la faiblesse de prêter l'oreille aux discours licencieux de cet ami dépravé, et qu'il a cessé d'être chaste, et je vous assurerai que dès-lors il ne tient plus à aucuns principes vertueux. Non, n'attendez plus rien de ce malheureux jeune homme, ou n'en attendez plus rien que de sinistre; n'en attendez que des chutes honteuses et des écarts funestes. Vous le chercherez inutilement lui-même en lui-même, vous ne le trouverez plus. Doux, honnête, aimable comme Sousi, dans les jours de son innocence, il annonçait, comme lui, la candeur et l'ingénuité dans tout son extérieur: aujourd'hui vous lui verrez tantôt un air sombre et inquiet jusqu'au trouble, et tantôt un air de dissipation portée jusqu'à une sorte de délire. Les amusements les plus innocents suffisaient autrefois à son cœur innocent; aujourd'hui son cœur coupable lui demande des plaisirs criminels. Il aimait alors ses maîtres dont il était chéri, il ne sait plus que les craindre et les fuir; à peine ose-t-il porter sur eux un regard mal assuré. Il lui semble qu'ils lisent au fond de sa conscience, et qu'ils en découvrent tout le désordre; et quelquefois il ne se trompe pas. Il se plaisait dans la société des jeunes gens les plus vertueux; leur présence seule lui devient importune; il les évite comme des censeurs austères de sa conduite, et, bientôt peut-être leur vertu même deviendra l'objet de ses dérisions insensées. Il aimait aussi à entendre parler les choses de Dieu et il en parlait lui-même dans l'occasion; ses lèvres s'ouvraient avec plaisir pour les louanges du Seigneur parce qu'elles étaient pures; aujourd'hui son cœur est de glace en présence de son Dieu, et sa langue est liée dans l'exercice même de

les chrétiens ? Savez-vous enfin qu'au milieu de tous
ces scandales, vous ne pourrez vous montrer plus
religieux que les autres sans devenir l'objet de leurs
railleries sacriléges, à moins que vous ne possédiez
cet assemblage bien rare de qualités imposantes
qui commandent le respect pour la vertu à ceux mêmes qui font profession d'outrager la vertu ? Sousi
avait-il donc tort de tant craindre le monde ? ou
n'est-ce pas vous qui l'avez de le craindre si peu ?
Non, sans doute, on ne résiste pas sans de grands
efforts à ce torrent débordé des maximes et des usages du monde ; il faut à un jeune homme tout le courage de la vertu pour triompher du scandale impérieux de ces exemples, et Sousi agissait bien sagement lorsqu'il préférait une fuite, qui n'a rien que
d'honorable aux dangers d'un combat dont le succès
est toujours incertain.

Parmi les vertus qui font l'ornement de la jeunesse, il n'en était aucune que Sousi s'appliquât à
conserver plus soigneusement que la chasteté, et il
n'en est point non plus de plus délicate. On pourrait
dire encore qu'elle est la plus précieuse des vertus
dans un jeune homme ; non pas qu'elle soit supérieure
à celles qui ont directement Dieu pour objet, mais
parce qu'elle en est le soutien et le seul garant. En
effet, répondez-moi de la chasteté d'un jeune homme,
et je vous répondrai de sa foi et de ses autres vertus ;
dites-moi, au contraire, qu'il a eu la faiblesse de prêter l'oreille aux discours licencieux de cet ami dépravé, et qu'il a cessé d'être chaste, et je vous assure-

rai que dès-lors il ne tient plus à aucuns principes
vertueux. Non, n'attendez plus rien de ce malheureux jeune homme, ou n'en attendez plus rien que
de sinistre; n'en attendez que des chutes honteuses
et des écarts funestes. Vous le chercherez inutilement
lui-même en lui-même, vous ne le trouverez plus.
Doux, honnête, aimable comme Sousi, dans les jours
de son innocence, il annonçait, comme lui, la candeur et l'ingénuité dans tout son extérieur: aujour-
d'hui vous lui verrez tantôt un air sombre et inquiet
jusqu'au trouble, et tantôt un air de dissipation portée jusqu'à une sorte de délire. Les amusements les
plus innocents suffisaient autrefois à son cœur innocent; aujourd'hui son cœur coupable lui demande
des plaisirs criminels. Il aimait alors ses maîtres
dont il était chéri, il ne sait plus que les craindre et
les fuir; à peine ose-t-il porter sur eux un regard mal
assuré. Il lui semble qu'ils lisent au fond de sa conscience, et qu'ils en découvrent tout le désordre ; et
quelquefois il ne se trompe pas. Il se plaisait dans la
société des jeunes gens les plus vertueux ; leur présence seule lui devient importune; il les évite comme
des censeurs austères de sa conduite, et, bientôt peut-
être leur vertu même deviendra l'objet de ses dérisions insensées. Il aimait aussi à entendre parler
les choses de Dieu et il en parlait lui-même dans
l'occasion ; ses lèvres s'ouvraient avec plaisir pour les
louanges du Seigneur parce qu'elles étaient pures;
aujourd'hui son cœur est de glace en présence de son
Dieu, et sa langue est liée dans l'exercice même de

la prière. C'est que l'esprit qu'il possède, trop éloquent pour le mal, est toujours, comme celui que
chassait le Sauveur du monde, un esprit muet pour
le bien.

Peut-être croirez-vous, mon cher lecteur, avoir
peu à craindre vous-même de ces dangers dans une
maison chrétienne où tout vous rappelle à la piété ;
mais fussiez-vous dans le sanctuaire même de l'innocence ; fussiez-vous vertueux de toute la vertu de
Sousi, et résolu encore de faire bientôt au Seigneur
le vœu d'une chasteté parfaite, un danger éminent
pour cette précieuse vertu, c'est d'apporter pour la
conserver autant de soins et d'attention qu'en avait
Sousi. Car en vain prétendriez vous éviter le nau-
frage, et affronteriez-vous les écueils ; en vain me
diriez-vous et vous diriez-vous à vous-même : « Je
veux être chaste : » je vous croirai dans l'illusion ; et
vous y seriez en effet, si vous ne vous faites, comme
Sousi, un devoir de l'application au travail ; si,
comme lui, vous ne fuyez l'oisiveté jusque dans les
jours accordés à vos délassements, si vous ne savez
pas commander l'appétit sensuel et obéir aux lois de
la tempérance et de la sobriété. Mais que serait-ce
donc si l'on vous voyait sourire à une mauvaise équivoque, prêter l'oreille à un propos licencieux, arrêter
vos regards sur des objets dont votre cœur ne peut
s'occuper sans crimes ? et croiriez-vous beaucoup
vous-même à la vertu de Sousi si, content de s'interdire ces lectures obscènes qui révoltent la pudeur
la moins délicate, il se fût permis celles des aventures

8.

romanesques et de ces fictions téâtrales où le poison est préparé avec tant d'art? si, après s'être fait un juste scrupule de la fréquentation des spectacles du théâtre, il eût permis à ses yeux de contempler le dangereux spectacle qu'offrent de toute part l'indécence des modes et l'audace effrénée du pinceau et du burin?

Sousi était tellement en garde contre les dangers de l'oisiveté qu'on ne saurait dire en quels temps il était le plus occupé, ou pendant le cours de l'année scolastique ou pendant ses vacanses. Ce temps de repos, si funeste à tant de jeunes gens, était pour lui l'époque d'une riche moisson de bonnes œuvres. C'était pendant le loisir de ses vacances qu'il s'exerçait le plus à la prière et à la mortification des sens ; c'était pendant ce temps qu'il fuyait avec plus de soin la dissipation des sociétés mondaines, qu'il cherchait Dieu dans la solitude de Joui , et que, maître absolu de son temps, il se traçait à lui-même une règle qui en consacrait tous les moments. Heureux, mon cher lecteur, heureux le jeune homme qui sait s'occuper dans tous les temps ! Heureux vous-même si vous sentez, comme Sousi, que s'il est des jours où l'on peut se se délasser, il n'en est aucun où il soit permis d'être oisif ; et pourrait-on jamais l'être impunément? Mais une triste expérience nous apprend que les vertus les plus faibles sont presque toujours les plus présomptueuses; et que de jeunes gens ne voyons-nous pas qui, après s'être soutenus loin des dangers et près des secours, vont malheureusement

la prière. C'est que l'esprit qu'il possède, trop éloquent pour le mal, est toujours, comme celui que
chassait le Sauveur du monde, un esprit muet pour
le bien.

Peut-être croirez-vous, mon cher lecteur, avoir
peu à craindre vous-même de ces dangers dans une
maison chrétienne où tout vous rappelle à la piété ;
mais fussiez-vous dans le sanctuaire même de l'innocence ; fussiez-vous vertueux de toute la vertu de
Sousi, et résolu encore de faire bientôt au Seigneur
le vœu d'une chasteté parfaite, un danger éminent
pour cette précieuse vertu, c'est d'apporter pour la
conserver autant de soins et d'attention qu'en avait
Sousi. Car en vain prétendriez vous éviter le nau-
frage, et affronteriez-vous les écueils ; en vain me
diriez-vous et vous diriez-vous à vous-même : « Je
veux être chaste : » je vous croirai dans l'illusion ; et
vous y seriez en effet, si vous ne vous faites, comme
Sousi, un devoir de l'application au travail ; si,
comme lui, vous ne fuyez l'oisiveté jusque dans les
jours accordés à vos délassements, si vous ne savez
pas commander l'appétit sensuel et obéir aux lois de
la tempérance et de la sobriété. Mais que serait-ce
donc si l'on vous voyait sourire à une mauvaise équivoque, prêter l'oreille à un propos licencieux, arrêter
vos regards sur des objets dont votre cœur ne peut
s'occuper sans crimes ? et croiriez-vous beaucoup
vous-même à la vertu de Sousi si, content de s'interdire ces lectures obscènes qui révoltent la pudeur
la moins délicate, il se fût permis celles des aventures

8.

perdre, dans l'oisiveté d'une vacance, le fruit de plusieurs années de vigilance et de combat, et se préci-
piter dans les derniers malheurs, pour n'avoir pas
su les craindre et voulu les éviter !

Parmi les vertus de Sousi, son amour pour les mortifications et les souffrances porte un caractère d'hé-
roïsme que le Saint-Esprit inspire à certaines âmes
privilégiées sans l'exiger du commun des chrétiens.
Aussi, pour ne rien outrer dans un ouvrage qui doit
être comme un miroir sans tache pour mes lecteurs,
j'avouerai que je ne leur propose pas pour règles
toutes les austérités que le pieux jeune homme avait
le courage de pratiquer ; je ne leur fais pas un devoir
de traiter leurs corps coupables aussi rigoureuse-
ment qu'il traitait lui-même son corps innocent ;
mais, s'ils veulent vivre en disciples de Jésus-Christ,
et mériter au moins une place dans le ciel aux pieds
du fervent Sousi, il est indispensable pour eux qu'ils
mènent une vie chrétienne, qui est nécessairement
une vie pénitente. S'ils n'ont pas le courage, comme
Sousi, d'aller au-devant des mortifications, il faut
qu'ils aient du moins celui de souffrir avec résignation, lorsque la Providence les leur ménage pour
leur salut ; il faut qu'ils supportent, en vue de Dieu,
un travail qui leur coûte une règle qui les assujet-
tit, des exercices qui contrarient leurs penchants,
des reproches qui humilient la nature, et quelquefois même des rigueurs qui l'affligent. Que devons-
nous penser, je ne dirai pas de la piété, mais du
christianisme d'un jeune homme que nous ne verrons

occupé qu'à rechercher ses aises et à flatter ses goûts; qui se croit esclave dans un collége ou dans un séminaire, parce qu'il n'y a de liberté que dans le bien; qui tantôt murmure contre la règle, et tantôt contre ceux qui la font observer; qui juge qu'on en fait toujours trop pour éclairer son esprit et sanctifier son âme, et jamais assez pour divertir ses sens et flatter son corps; qui, ne pouvant rien souffrir de personne, voudrait que chacun fût disposé à tout souffrir pour lui; qui, dans la byzarrerie de son humeur, s'irrite contre tout ce qui le contrarie, et jusqu'à s'en prendre quelquefois aux éléments mêmes, et aux êtres inanimés, s'il éprouve, à leur occasion, quelque sensation désagréable? Un tel jeune homme, avant de marcher sur les traces de Sousi, a sans doute un bien grand espace à parcourir. Mais la grâce cependant peut le combler; et celui qui se reconnaîtrait à ce portrait au lieu de désespérer de lui-même, doit se rappeler que toute la tendresse du bon pasteur est pour la brebis égarée qui revient à lui.

Nous avons vu que c'était une des pratiques les plus ordinaires de Sousi de réfléchir sur les grandes vérités de la foi, dont il craignait toujours de n'être pas assez pénétré. Il pensait habituellement à la mort et à ses suites. Il se citait souvent au tribunal du souverain Juge, et toute sa vertu le rassurait à peine sur des actions que Dieu devait juger, et sur un jugement qu'une éternité devait suivre. Mais Sousi, en se rappelant ainsi ses fins dernières, que faisait-il autre chose que d'obéir au conseil que donne le Saint-Esprit

à tout homme qui veut efficacement éviter le péché?
Et ce conseil salutaire ne regarde pas moins sans
doute celui qui aurait eu le malheur de le commettre.
Aussi j'oserais répondre de sa conversion à tout pécheur fidèle à le suivre. Faites, lui dirai-je, en vue
de vous relever, ce que faisait Sousi dans la crainte
de tomber. A son exemple, placez-vous souvent en
esprit sur le penchant de l'éternité; mesurez-en,
comme lui, les profondeurs par la foi; rapprochez,
par l'imagination, ces torrents de pures délices qui
enivrent les élus de Dieu dans le ciel, de ces fleuves
de feu où sont noyés ses ennemis dans l'enfer, et
dites-vous à vous-même : Beau ciel, tu n'es pas pour
le pécheur; non, le pécheur ne te verra jamais. Feu
dévorant, le pécheur est ta proie naturelle; feu dévorant, si je suis pécheur, je suis donc destiné à te
servir d'aliment éternel : et ce sera demain, ce sera
cette nuit peut-être qu'on me redemandera mon âme,
et que je rentrerai dans la carrière interminable de
mes supplices! Oui, mon cher lecteur, cette seule
pensée a souvent suffi, et, sérieusement méditée, elle
suffira toujours pour changer le pécheur le plus en-
durci en un modèle de pénitence.

De toutes les actions de Sousi, la plus douce et la
plus consolante pour sa piété, c'était la communion ;
aussi voyons-nous qu'il la répétait bien fréquemment.
Souvenez-vous, mon cher lecteur, qu'on ne saurait
communier trop souvent quand on le fait aussi saintement que lui. De tous les moyens que nous offre
la religion pour nous soutenir dans le bien, le plus

efficace, c'est la communion. Il est comme l'abrégé de tous les autres, et tous les autres, sans lui, seraient insuffisants. Et dites-moi, je vous prie, sont-ce ceux qui communient le plus rarement qui peuvent le faire en de meilleures dispositions ? Sont-ce ceux qui paraissent le plus rarement à la table sainte qui donnent les meilleurs exemples dans une maison d'éducation ? Et que peut-on attendre que des chutes et des scandales de la part de ce jeune homme qui vit, pour ainsi dire, en excommunié au milieu de tous les secours de la religion, dans une maison spécialement destinée à le former à la piété.

Le sage Sousi, arrivé à cette époque importante où il convient qu'un jeune homme s'occupe du choix d'un état de vie, consultait le Seigneur, et le conjurait, dans la ferveur de ses prières et de ses communions, de lui montrer la voie qu'il devait suivre pour arriver au terme du salut. Mais, en même temps qu'il lui demandait de lui faire connaître sa volonté pour l'avenir, il s'appliquait par-dessus tout à sanctifier le temps présent, persuadé que la meilleure disposition pour entendre la voix de Dieu, c'est de vivre habituellement dans sa grâce. Cet exemple de Sousi, s'il était toujours suivi, épargnerait à bien des jeunes gens de grands dangers pour le salut, suites inévitables de leurs démarches irréfléchies. Leur vocation viendrait du ciel, et serait à eux; elle ne leur serait ni suggérée par des passions aveugles, ni dictée par des parents intéressés. L'Eglise de Dieu n'aurait pas à gémir de tant de désordres qui trou-

blent la société; nous ne verrions pas du moins le plus saint de tous les états profané par des vocations humaines; et les barrières sacrées du sanctuaire, qui ne devraient s'ouvrir que pour les talents et la vertu, ne seraient jamais forcées par l'ignorance et la cupidité.

Je vous ai proposé, mon cher lecteur, la vie de Sousi pour modèle; je l'ai proposée aux jeunes gens de toutes les classes, aux laïques comme aux ecclésiastiques; et j'ai pu le faire, puisque Sousi était laïque, et que toutes les conditions, comme tous les âges, sont appelés par le Sauveur du monde à la perfection chrétienne que pratiquait le pieux jeune homme, avec cette seule différence que certains traits de sa vie et certaines pratiques, qui ne seraient que de conseil pour le jeune laïque, peuvent être de précepte pour le jeune ecclésiastique.

Tout vertueux qu'était Sousi, Sousi mourut à la fleur de l'âge; la mort n'est donc point un mal. Sousi la désirait; et quel est le jeune homme qui ne s'estimât heureux de terminer comme lui sa carrière? Une si belle mort, mon cher lecteur, est le fruit naturel d'une sainte vie; fruit précieux, sans doute, pour le juste qui recueille, mais qui n'est pas encore le dernier fruit de sa vertu. Ni l'homme de bien qui a édifié par des actions louables, ni le pécheur qui a offert des scandales, ne meurent jamais entièrement pour ceux qui leur survivent; et, tandis que celui-ci tient encore à la terre par une chaîne malheureuse d'iniquités dont il est le premier anneau, et qu'il continue ainsi de pécher dans les autres lorsque lui-même n'est plus, le juste se survit également, mais d'une manière bien différente, et le trésor de ses mérites s'accroît à mesure que le souvenir édifiant de ses actions se perpétue dans la mémoire des hommes. C'est ainsi que le vertueux Sousi, qui fit tant de bien pendant sa vie, continua d'en faire après sa mort. Il n'est plus, mais les beaux exemples qu'il a donnés subsistent dans toute leur force.

Ce n'est plus le son de sa voix que nous entendrons, mais la voix puissante de ses vertus s'élève du fond de son tombeau, elle se fait entendre au loin dans l'étendue des âges; et, dans ce moment encore, elle parle au cœur de ce jeune homme vertueux pour l'encourager et le soutenir; elle tonne dans la conscience de ce jeune pécheur pour le réveiller et le convertir; elle nous parle à tous, et c'est elle qui m'inspire à moi-même cette confiance que tous mes lecteurs se sentiront touchés, les uns du désir de consacrer l'œuvre déjà commencée de leur salut, les autres d'un regret efficace de l'avoir trop long-temps négligée : *Defunctus adhuc loquitur.*

Limoges. — Imp. Marc Barbou et Cⁱᵉ.

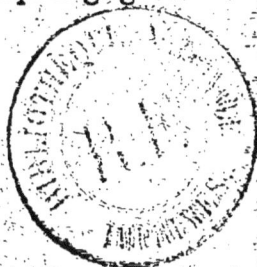

Limoges. — Imp. Marc Barbou et C*.

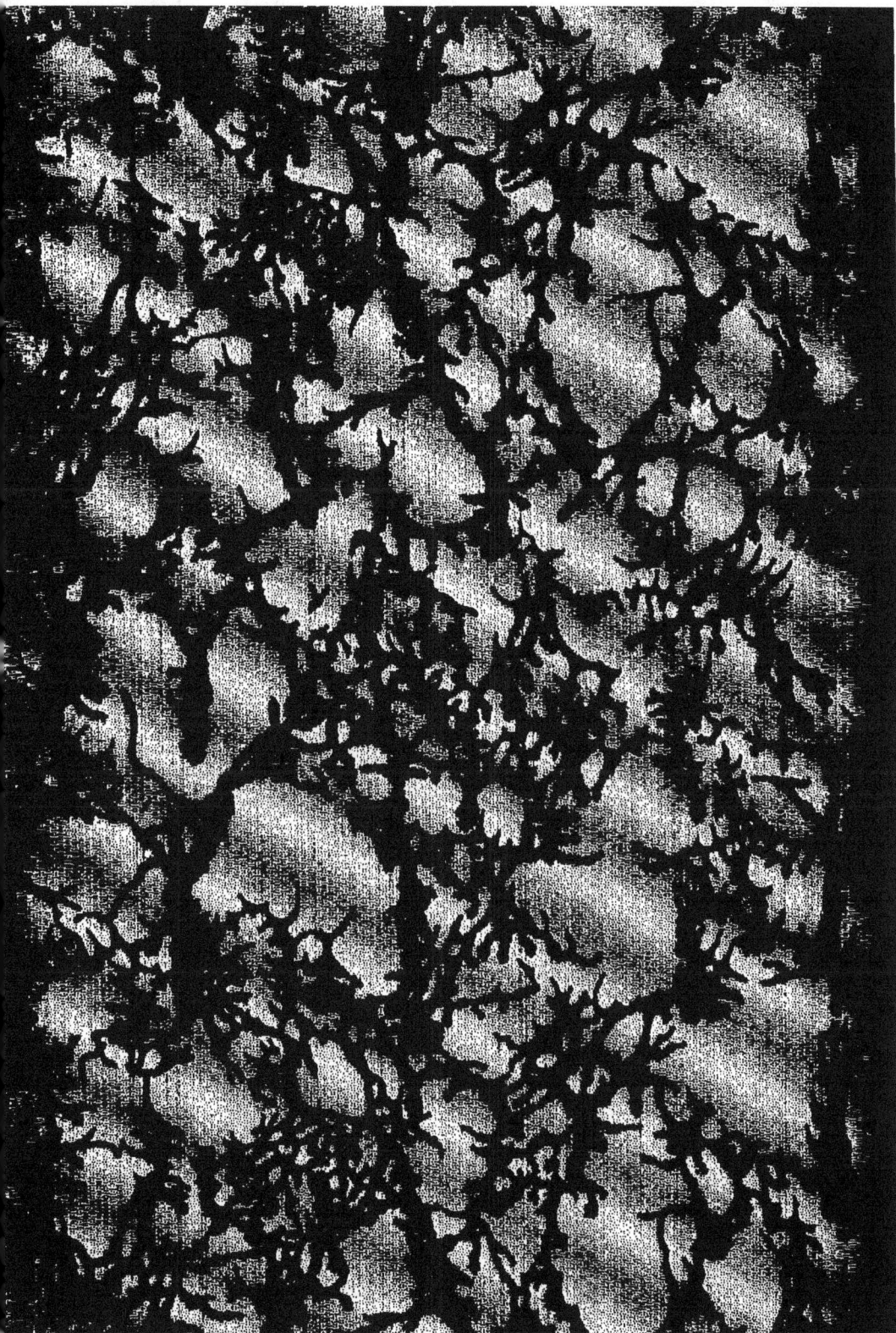

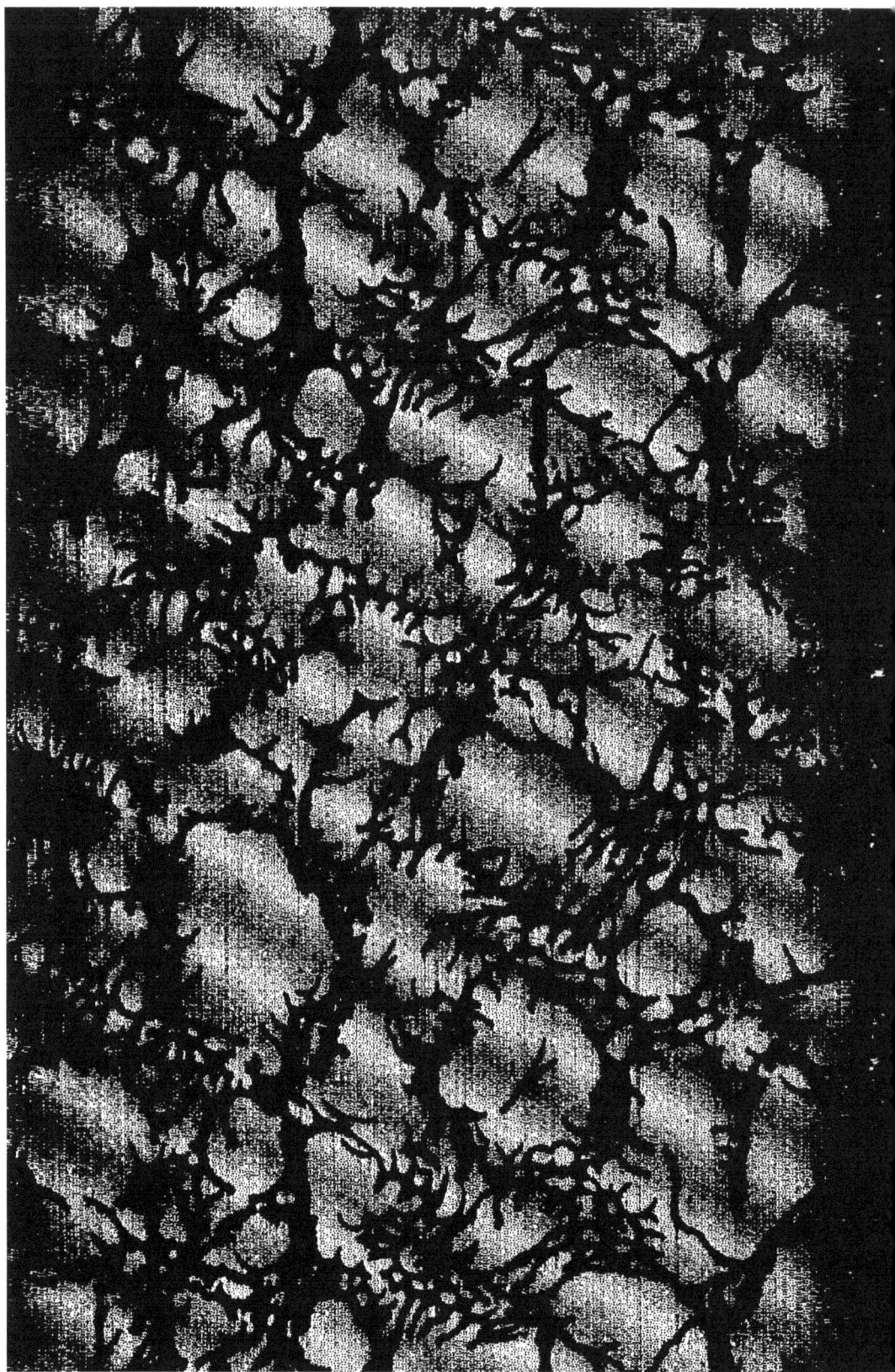